最知名的爸爸妈妈
告诉你他们最简单而又最独牜

# 最知名爸爸妈妈
## 的教养指南

杨薇 编著

云南出版集团公司
云南人民出版社

## 图书在版编目(CIP)数据

最知名爸爸妈妈的教养指南 / 杨薇编著． —— 昆明 ：
云南人民出版社，2011.11
ISBN 978-7-222-08420-9

Ⅰ．①最… Ⅱ．①杨… Ⅲ．①家庭教育－通俗读物
Ⅳ．①G78-49

中国版本图书馆CIP数据核字(2011)第224724号

组　　稿：刘诚林
责任编辑：和晓玲　刘诚林　周彦
特约编辑：杨　森
责任校对：和晓玲　周　彦
责任印制：段金华

| | |
|---|---|
| 书　　名 | 最知名爸爸妈妈的教养指南 |
| 作　　者 | 杨薇 编著 |
| 策　　划 | 北京海润源文化有限公司 |
| 出　　版 | 云南出版集团公司　云南人民出版社 |
| 发　　行 | 云南人民出版社 |
| 社　　址 | 昆明市环城西路609号 |
| 邮　　编 | 650034 |
| 网　　址 | www.ynpph.com.cn |
| E-mail | rmszbs@public.km.yn.cn |
| 开　　本 | 787×1092　1/16 |
| 印　　张 | 13.875 |
| 字　　数 | 160千 |
| 版　　次 | 2011年12月第1版第1次印刷 |
| 排　　版 | 北京海润源文化有限公司 |
| 印　　数 | 1—5,000 |
| 印　　刷 | 北京九天众诚印刷有限公司 |
| 书　　号 | ISBN 978-7-222-08420-9 |
| 定　　价 | 25.80元 |

尊敬的读者：若你购买的我社图书存在印装质量问题，请与我社发行部联系调换。
发行部电话：(0871)4194864　4191604　4107628(邮购)

# 目　录

# 序言：不要期待自己的孩子成为"完美孩子"

世界上没有完美的孩子，孩子永远处在成长过程中，他们身上当然有自己的缺点，所以，我们看到，每个家长对自己的孩子都有不满意的地方。

请每一位家长想一下：自己身上有没有缺点？自己对自己满意吗？这个世界上有让人满意的人吗？我们有必要对一个孩子那么苛刻吗？

孩子不过是孩子，孩子是依着自己的欲望来做事情的，孩子总是贪玩的，孩子总是对困难的学习有畏惧和逃避的想法，孩子总是好吃懒做的，每一个孩子都可能是平庸的，当然你的孩子也不例外，这些都是正常的。

很多孩子发现自己在家长眼里简直一无是处，孩子自己身上的确存在问题，但也不是没有优点啊，但家长总是发现不了。家长总是发现别的孩子身上的优点，并拿着这些优点跟自己孩子身上的缺点比，似乎家长总是在试图让孩子变得沮丧。

说到这里，几乎所有的家长都会觉得这是在说别的家长，因为自己不是这样，自己还是能够一分为二地看待问题的。自己总是能够发现孩子的优点并鼓励孩子的。这里我们要强调的一点是，鼓励不是自己心里认为对孩子的一种简单的口头肯定。很多家长在鼓励的时候总是两段论：你……方面还可以，但是……这样的话与其说是鼓励，不如说是典型的批评。另外，还有些家长觉得自己每句话都是对孩子的鼓励，但孩子却说妈妈的每句话都像子弹一样打在他的心里。

　　鼓励是一种能力，一个心态平和、真诚平等的人才能够做到很好地鼓励别人。很多家长因为自己的经历和性格等原因，心态很不平和，有时候自己都无法让自己平静下来，想到一些事情很容易激动，这时候就会发泄给孩子。这种事情多次发生以后，孩子就很难相信家长了。很多家长受生活工作环境影响，从来做不到平等对人，但自己又不能有所知觉，自以为对人是平等的，这样当他们不能换得对方的真心流露时，就会产生强烈的失落感。

　　每一个孩子都是父母的新大陆，那么，是我们主动去发现新大陆，还是等待新大陆来发现我们？

　　优秀的孩子是教出来的！所有的父母都应当是教育者。教育不应在学校由教师开始，而应在家里由父母开始：如何成为一个开明的家长，做孩子无言的老师？如何慎重地批评孩子，耐心地开导孩子，适当地"惩罚"孩子？如何保护孩子的好奇心，呵护孩子的想象力，善待孩子自由的天性？如何打消孩子的自卑心理，对孩子宠爱而不溺爱，帮助孩子摆脱对父母的依赖？如何对孩子严管但不束缚，正确对待孩子的缺点，树立孩子的金钱意识……

　　有人说，每个孩子都能成功！但《时代》杂志曾对全球两百多位名人的孩子进行调查研究，结果表明：名人的孩子获取成功的几率比普通人高出将近9倍——托马斯·爱迪生的儿子于1938年荣获了美国总统亲手颁发的"杰出成就勋章"，该年他已是拥有600项专利的发明人和30多部专著的著作者。总统授予他殊勋的理由是"他无论从物质上，还是精神都极大地改善了我国人民的生活状态"；日本著名导演黑泽明的儿子是有名的先锋派画家，居里夫人的女儿是著名科学家，世界著名投资家巴菲特的儿子是著名的商人，美国遗传学家摩尔根的儿子是哲学大师，香港首富李嘉诚的三个儿子都是商界精英，霍英东之子霍震霆现任香港特别行政区立法会议员……

教育孩子需要大智慧！教育的真正目的不是培养有学问的人，而是造就能干的人。作为教育者，既要知识丰富有头脑，更要有眼力。《福布斯》的结论是：那些孩子享受到了比普通孩子更好的家教——名人们无一不是人类中的精英，他们比普通人更深刻地理解人性和透彻地洞悉人生，他们不仅在各方面拥有更高的智慧，同样在教育子女上，也往往有非凡的见解和独到的方法。因此，名人的孩子往往具有比普通人更高的综合素质和能力。

该次调查还表明：名人的孩子，即使是一生平淡，他们无论是身体上还是精神上，也都往往比普通人更健康，比普通人更会享受生活。因而，寿命也比普通人长12年左右……

家长不断发现孩子身上的问题，当然是好心地希望孩子能够改变，这是无可厚非的。但要知道，孩子将来完全可能是一个最最普通的老百姓，毕竟顶尖优秀的人是少数的，而且，真正做到那样顶尖的人，他们就会很幸福吗？怎么样才能让孩子成为一个幸福的人？

平等思维认为：教育的目的在于教给孩子获得幸福的能力。

这个世界上没有完美的孩子，即使有，这个孩子自己也不会幸福。

让孩子成为一个普通的孩子。孩子当然有缺点，但如果孩子在一点点地变好，那就够了。

# 习惯的力量

一百多年前，卡耐基在其《财富的原则》一书中提出："我给儿子留下了万能的美元，无异于给他留下了一个诅咒。"

戴尔·卡耐基，美国"成人教育之父"，1880年11月24日出生于美国密苏里州的玛丽维尔。20世纪早期，美国经济陷入萧条，战争和贫困导致人们失去了对美好生活的愿望，而卡耐基独辟蹊径地开始了一套融演讲、推销、为人处世、智能开发于一体的教育方式，他运用社会学和心理学知识，对人性进行了深刻的探讨和分析。他讲述的许多普通人通过奋斗获得成功的真实故事，激励了无数陷入迷茫和困境的人，帮助他们重新找到了自己的人生。

接受卡耐基教育的有社会各界人士，其中不乏军政要员甚至包括几位美国总统，千千万万的人从卡耐基的教育中获益匪浅。

卡耐基在实践的基础上撰写而成的著作，是20世纪最畅销的成功励志经典。他的主要代表作有《人性的弱点》、《人性的优点》、《演讲与口才》、《美好的人生》、《快乐的人生》、

《伟大的人物》和《人性的光辉》。这些书出版后，立即风靡全世界，先后被翻译成几十种文字，被誉为"人类出版史上的奇迹"，无数读者由此走上了成功之路。

戴尔·卡耐基曾经讲述过一个与他自己的孩子有关的故事。

卡耐基家附近有一座公园，他经常去那里散步、骑马。公园为周围人的生活带来了乐趣。但是，附近的孩子们也经常到公园里去玩，他们喜欢在公园里野炊，这使得公园经常发生火灾。因此，卡耐基只要看到有孩子们在野炊，就要上前劝阻。但是，孩子们根本不听他的劝告，火灾还是屡有发生。有一次，卡耐基在愤怒的情况下，采取了恫吓的方法，扬言要把孩子们交给警察。孩子们似乎有点害怕，停止了玩火。但是，好景不长，只要没人看见，孩子们还是会生起火来野炊。

后来，卡耐基反省了自己的说话方式。当他再看见有孩子玩火时，就亲切地对他们说："孩子们，这非常惬意，是吗？我年幼的时候也非常喜欢玩火，现在也喜欢。但你们知道，在公园里玩火是危险的。我知道你们不是故意的，但是别的孩子不会像你们一样小心，他们看见你们玩火，也过来玩火，回家时也不把火扑灭，以致发生火灾，烧毁树林。因为玩火，我们可能没有树林，你们也可能被拘捕入狱。我不是要剥夺你们的快乐，我喜欢看到你们快乐。但是为了避免造成火灾，请你们现在把火堆周围的树叶弄开一些，离开要回家时，用土把火盖起来。下次要取乐时，请你们在山丘那边的海滩上生火，好吗？那里不会有危险。"

最后，卡耐基还不忘对孩子们说："多谢了，孩子们。祝你们快乐！"

结果，孩子们渐渐地不去公园玩火了。原因正是卡耐基站在孩子们的角度思考问题。

美国教育家塞勒·塞维若说："每个人观察认识问题，都会有自己的视角和立足点。身份、地位不同，所得的结论就不同。父母与子女间的年龄悬殊、身份互异是影响相互沟通的重要原因。若父母能站在孩子的立场上思考，一切将迎刃而解。"

每个孩子都是不同的个体，他们的家庭环境、生活环境、生理心理都是不同的，他们每个人都有自己不同的梦想天空，父母能做的就是呵护孩子的梦想，设身处地地为孩子着想，细心的呵护孩子的一切，例如，当孩子迟到的时候，你可以想象他的特殊的理由；孩子上课时看漫画，可能是因为课下看得太入迷，对其中的内容还没有想清楚，正展开想象的翅膀；当你看到孩子在上课时玩溜溜球时，你可以想象他是不是课间的时候一个动作不协调，可能想到了什么好的方法要试一试，所以情不自禁的动了手；当他上课打瞌睡的时候，你也可以想象一下他昨天晚上看了一本很有趣的书，想了很多，难以入眠……我们这样想的话，就不会伤害孩子，就不会伤害到他的快乐。

## 戴尔·卡耐基致儿子的信

亲爱的安德鲁：

有关习惯的问题，我一直想写封信和你谈一谈。因为习惯对一个人的前途太重要了！好的习惯使人立于不败之地，坏的习惯把人从成功的神坛上拉下来。习惯直接影响一个人的命运。

人的思考取决于动机，语言取决于学问的知识，而他们的行动则多半取决于习惯。一切天性与诺言都不如习惯更有力。在这一点上，也许只有宗教狂热的力量才可与之相比。如果说个人的习惯只是把一个人变成了机械，使他的生活仿佛由习惯所驱动，那么社会的习惯势力却具有一种无比可怕的专制力量。

古代的斯巴达青年，在习惯风俗的压力下，每年都要跪在神坛上承受笞刑，以锻炼吃苦的耐力。在伊丽莎白女王时代的初期，曾有一个被判死罪的爱尔兰人，请求绞死他时用荆条而不用绳索。因为这是他们本族的习惯。由此可见，习惯真是一种顽强而巨大的力量。它可以主宰人生。

每个人都有自己后天所培养的习惯，而成为与他人有所不同的个体。但是有的时候必须审查自己所有的习惯是否有益，如果是好的习惯，请坚持下去；如果发现习惯是不好的，一定要改变它。

纽约有位贫困工人约瑟夫，长期以来养成了抽烟的习惯，最终他也为此受到了惩罚。有段时期，约瑟夫抽烟抽得很凶。一次他在度假中开车经过法国，而那天正好下大雨，于是他只得在一个小城里的旅馆过夜。当约瑟夫清晨两点钟醒来时，想抽支烟，但他发现，烟盒是空的。于是他开始到处搜寻，结果毫无所获。这时，他很想抽烟。然而，如果出去购买香烟则需要到火车站那边去，大约有六条街以外那么远。因为此时旅馆的酒吧和餐厅早已关门了。他抽烟的欲望越来越大，不断地侵蚀着他。被迫无奈，他决定出去买烟。然而，当他经过路口时，一辆汽车急驶而过，而此时的他已被烟瘾折磨得神志不清，于是被汽车撞倒，还好没有受到很重的伤害。事后，约瑟夫承认，这一切都是烟造成的，如果不是长期养成抽烟的坏习惯，也许他不会得到这样的结果。

有时候一个坏的习惯一旦定型，它所产生的后果是难以想象的，尤其是习惯这种力量往往是巨大而无形的，当你感觉到它的坏处时，很可能想抵制也已经来不及了。但是，一个好的习惯也可以产生巨大的力量，如果你反复地重复着一件有益的事情，渐渐的，你就会喜欢去做，这样一来，所有的困难都显得微不足道了。因为，习惯的力量可以冲破困难的阻挠，帮助你走上成功的道路。

著名画家史迪芬森每天都要抽出大量的时间作画，有一天风雨大作，他心情不好，没有作画，整日坐卧不宁。第二天，雨过天晴，阳光灿烂。他一早起来，推开窗户，阳光明媚，情绪来了，早餐没吃，拿起画笔，一连画了四幅画，中午也不肯休息。待画完最后一幅画时，才心有所安。不教一日闲过，史迪芬森就这样保持着自己的习惯，无一日虚度光阴，这就是他成功的历程。

"不教一日闲过"，这句话成了鼓舞多少人前进的座右铭。它说出了"业精于勤"的道理。作为一个85岁的老人，"不教一日闲过"的做法实在感人，同时史迪芬森老人培养习惯的行为也值得后人学习。习惯的力量是一种使所有生物和所有事物都臣服在环境影响之下的法则。这个法则可能会对你有利，也可能对你不利，结果如何全看你的选择而定。

当你运用这一法则时，如果连同积极心态一起应用，所产生的力量是巨大的，而这就是你思考、致富或实现任何你所希望的事情的根本驱动。也许你并没有很好的天赋，但是，你一旦有了好的习惯，它一定会给你带来巨大的收益，而且可能超出你的想象。你要养成很好的习惯，并很好地驾驭它！

永远爱你的父亲

# 积极心态的力量

　　约翰·洛克菲勒，美国最具实力的实业家之一，美孚石油公司创办人。他出生于1839年7月8日，家境贫寒。从小就接受父亲的"商业训练"，并继承了母亲勤俭的美德。1858年开始创办公司，23岁时决定从事炼油业。1863年，他与别人合资在克利夫兰建立炼油厂。1870年，他创建俄亥俄美孚石油公司。接下来的8年内，控制了全国的石油工业。1882年，成为美国历史上第一个托拉斯。后来，洛克菲勒财团和大银行联合形成垄断。1884年公司迁到纽约市百老汇街26号，成为全世界最大的石油集团企业，他成了"石油大王"。1896年他退休，退休后发展慈善事业，并于1913年设立了"洛克菲勒基金会"，负责捐款工作。1937年5月23日去世。

　　他是美国历史上第一个十亿富翁，创设了托拉斯企业制度，在美国资本主义经济发展史上占有重要的地位。

　　在教育自己的下一代方面，他制订了许多严格的"措施"。

约翰·洛克菲勒常常向孩子强调锻炼身体的重要，儿子上学时，他让儿子滑着旱冰鞋经过中央公园到林肯学校，家庭司机则只是开着车跟在后面。

洛克菲勒家族很注重到世界各地游历对孩子成长的影响。孩子很小的时候，就跟着父母、带着家庭教师和一大堆行李，开始飞越美国大陆、欧洲、北非等地。这种教育增强了孩子们认识社会多元化和准确把握社会常理的能力，为以后确立人生目标起到很好的启发作用。

洛克菲勒虽然聚敛了巨额财富，但自己的生活非常俭朴，还时时刻刻给儿女们灌输自己的价值观。防止儿女挥金如土的第一步，就是不让他们知道父亲是个富人。洛克菲勒的几个孩子在长大成人之前，从没去过父亲的办公室和炼油厂。

洛克菲勒在家里搞了一套虚拟的市场经济，称他的妻子为"总经理"，要求孩子们认真记账。孩子们靠做家务来挣零花钱：打苍蝇2分钱，削铅笔1角钱，练琴每小时5分钱，修复花瓶则能挣1元钱，一天不吃糖可得2分钱，第二天还不吃奖励1角钱，每拔出菜地里10根杂草可以挣到1分钱，男孩劈柴的报酬是每小时1角5分钱，保持院里小路干净每天是1角钱……洛克菲勒为自己能把孩子培养成小小的家务劳动力感到很得意，他曾指着13岁的女儿对别人说："这个小姑娘已经开始挣钱了，你根本想象不到她是怎么挣的。我听说煤气用得仔细，费用就可以降下来，便告诉她，每月从目前的账单上节约下来的钱都归她。于是她每天晚上四处转悠，看到没有人在用的煤气灯，就去把它关小一点儿。"

后来儿女们渐渐长大，老洛克菲勒认为子女们需要一定程度的经济独立性。但是，他又怕孩子们太年轻，缺乏处理大量资金的能力——老洛克菲勒自己的父亲，就是在他40多岁的时候才开始将可观的钱财传给他。在他们实施信托财产开始运作的第一年，小洛克菲勒只收到2400美元，是收益总额中的很小一部分。这笔钱包括他除了学费以外的所有生活费用。

"有时，我的确发现自己手头现金拮据，不得不请求父亲提前给钱。而他通常会把我的请求当做是教诲和指导的机会。"小洛克菲勒说。老洛克菲勒还写信批评儿子："你在这个期间花的钱远远超出了预计的收益，我对你感到有些失望。'财富越多，人越容易失去头脑'，这句老话很有道理。我希望从现在开始，你能计划好自己的开支，不再验证这句老话。"

作为父亲，洛克菲勒甚至亲自教男孩们自己缝补衣服，他告诉他们：烹饪和缝补之类的活绝不应只由妇女来干。正因为有了这种"基本功"的训练，半个世纪后的1968年，二儿子纳尔逊的一件小事曾令美国人大开眼界：那时，纳尔逊正在竞选美国总统，一天他坐在竞选飞机上，碰巧他的裤子后缝裂开了。这位家财亿万的总统候选人竟不慌不忙地从自己的旅行袋中取出针线包，自己动手将裤子缝好。

洛克菲勒虽然节俭成性，却是美国历史上最大的慈善家。洛克菲勒曾说过，"赚钱的能力是上帝赐给我们的一份礼物"，并且他把这种人生观传递给了他的儿子——小约翰·戴维森·洛克菲勒。有时候，小洛克菲勒发现：自己要想在石油生意和慈善事业这两种祖传家业之间找到心理平衡非常困难，因此他经常受着精神失常的煎熬和折磨。小洛克菲勒曾经描述说，他在做生意的时候感觉就像和自己的良心进行赛跑。

小洛克菲勒在纽约建立了洛克菲勒中心，并设法挽救了美国西部山区的许多古老的红杉。他在把家族事业发扬光大方面放弃了许多机会，他的大半生时间都花在了把家族财富送出去，而不是集聚更多财富上面。

小洛克菲勒对保护历史文物和保护环境有着浓厚的兴趣。经过他的努力，英国北美大陆殖民时代所创建的威廉斯堡古城和法国的凡尔赛宫才得以完整地保存下来。

小洛克菲勒共生育了6个孩子，他的孩子们也都创造出了一番不俗的业绩：温思罗普是阿肯色州州长。尼尔森连任4届州长后，当上了美国副总统。约翰·D·洛克菲勒三世热衷于从事科学研究，成了一名科研人员。劳伦斯成了知名的环保主义者。年龄最小的大卫长大成人后，当上了蔡斯·曼哈顿银行的行长，具体负责监管该银行的国际业务。

大卫自小患有诵读困难症。但大卫本人对自己的这一点生理障碍看得很开，他说："我们多多少少都患有一些生理障碍疾病，但我们不是学着克服它们吗？"大卫·洛克菲勒一生都在工作，他这么做不是出于生活上的需要，而是因为他喜欢这么做。

而今，大卫还做了一些洛克菲勒家族人以前没有做过的事情。他写了一本名为《论文集》的书，讲述他在美国实力最雄厚的家族中的个人生活。不论是在他的书中，还是在生活里，大卫·总是念念不忘地强调，一个拥有巨大财富的人应该具有社会责任感。

在当今社会中，拥有多少财富是一个人成功的标志之一。李嘉诚、比尔·盖茨、洛克菲勒成了家长培养孩子的榜样，他们是怎样成功地呢？

如果说成长过程中的困难就像是一个死结，那么，财智就是成功者手中的利剑。

财智是一种能力。财智教育不仅仅是让孩子会花钱，更重要的是让孩子具备敏锐的财富嗅觉、良好的财富意识。

美国有一本畅销书叫作《钱不是长在树上的》，这本书的作者戈弗雷在谈到储蓄原则时指出：孩子们可以把自己的零花钱放在三个罐子里。第一个罐子里的钱用于日常开销，购买在超级市场和商店里看到的"必需品"；第二个罐子里的钱用于短期储蓄，为购买"芭比娃娃"等较贵重的物品积攒资金；第三个罐子里的钱则长期存在银行里。

为了鼓励孩子存钱，父母可以陪孩子一起去银行存钱，并以孩子的名义开一个户头。当孩子在铅印的存单或存折上见到自己的名字时，会使他们感到自己长大了，变得重要了。另一个好处是能使孩子们充分理解钱并不是随便地就可以从银行里取出来，而是必须先挣来，把它存到银行里去，以后才能再取出来，而且还会得到存款利息。

许多发达国家的理财教育不仅抓得早，并且合乎孩子们的特点。如3岁能辨认硬币和纸币；8岁可通过做额外的工作赚钱，并会把钱存在储蓄账户里；12岁能制定并执行2周开支计划，懂得正确使用银行业务术语等。有些国家着力研究或已把理财列入教育的课程。大多数白手起家的世界富豪在教育子女的金钱观、理财观方面都不吝惜时间与精力，总结一下他们这方面的观点，能给我们的理财观带来参考和借鉴。

这种理财要做到心中有数，要规划自己的理财目标、计划等。IBM前董事长沃森就要求他的儿子从上初中时候起做每周的零花钱支出计划、每月的收支目标，使儿子很小就树立了商业意识，最后也成了IBM公司的首席执行官。

许多父母怕孩子染上贪财的恶习，就不让孩子碰钱，在充满竞争和风险的社会中如此"纯真"很容易被淘汰。索尼公司创始人盛田昭夫刚懂事时，其父就告诉他："你是家中的长子，是未来的米酒商。"盛田昭夫从小就被当作家产继承人来培养，渐渐地精明能干，做生意精打细算，后来终成大器。

摩根财团的创始人老摩根当年靠卖鸡蛋和开杂货店起家，发家后对子女要求严格，规定孩子每月的零花钱都必须通过干家务来获得。于是几个孩子都抢着干。最小的托马斯因年龄小老抢不到活干，每天用于买零食的钱都非常节省。老摩根知道后对托马斯说："你用不着在用钱方面节省，而应该想着怎么才能多干活多挣钱。"这句话提醒了托马斯，于是，他想了很多能干活的点子，广开财源，零花钱渐渐多了起来，他最后明白了，理财中开源比节流更重要。

很多人敝帚自珍，以为节约能省钱。美国波音公司创始人波音却对他的子女说："旧的不去新的不来，如果你有买新东西的欲望，你就有拼命工作的动力，扔掉旧东西反而能刺激人更多地创造财富。"的确，家庭理财中一味节省用旧物，倒不如努力挣新的。钱如果来得太容易就不会珍惜，所以理财教育中，如果让孩子心中觉得这是"辛苦钱"，来之不易，会更好地珍惜。洛克菲勒到16岁时，决心自己创业。他时常研究如何致富，但百思不得其解。一天，他在报纸上看到一本有发财秘诀的书，便急匆匆去买，打开一看，全书仅印有"把你所有的钱当作辛苦钱"这几个字。他感慨万分，并把它当作祖训，要求子孙后代牢记。

家庭理财切忌将钱摆在超越一切的首位，这样会伤害亲人间的感情。美国"钢铁大王"卡耐基就曾对他的孩子说："金钱不能换来感情。"他说："如果我特别大方，给你们很多钱，那你们可能只记得我的钱，记不住我这个人。如果我特别吝啬，可能也得不到你们对我的感情，所以我宁愿多花些时间关心你们，培养人与人之间的感情。因为在关爱面前，金钱就无能为力了。你们应该牢记最能打动人心的不只是金钱，还有情感。"

法国心理学家阿内·巴舒认为：应较早对孩子进行有关金钱的教育。当孩子会数数时，就应该让他们认识钞票，可以每周给少量的钱，有利于孩子慢慢学会掌握钱财。给孩子零花钱是完全必要的。关于零花钱的使用，家长应该关心，但是不要事事都管。孩子刚开始用钱的时候，很可能掌握不好，会随心所欲地购买一些小零食、小玩具，发生"财政亏空"，这只是"付学费"。家长可以适当给予提醒，但不必过于紧张。

美国家庭普遍认为：教育孩子学会使用零花钱是让孩子学会如何预算、节约和自己做出消费决定的重要教育手段。孩子的零花钱数量可以与他的同伴大致相当；零花钱的使用由孩子全权负责，家长不直接干预；当孩子因使用不当而犯错时，家长不轻易帮助他们渡过难关。只有如此，孩子才能学会对自己的消费行为负责。美国家长一般都鼓励孩子靠打工挣零花钱，教会孩子存钱，提供模拟成人生活开支的训练。

美国著名的理财专家凯·R·雪莉提出了成人们在对孩子们进行理财教育时所负担的义务：孩子在4~10岁时应掌握理财的基本知识，包括消费、储蓄、给予，并尝试；10~20岁应养成消费、储蓄、使用信用卡等好习惯。

# 约翰·洛克菲勒致儿子的信

我亲爱的儿子查理:

你好! 我想在这封信里，接着和你谈谈心态方面的问题。你不会厌烦吧!

心态是一把双刃剑，是人人都有的精神物质。心态这一看不见的法宝会产生两种惊人的力量:它既能让你获得财富、拥有幸福、健康长寿;也能让这些东西远离于你，剥夺一切使你的生活富有意义的东西。在这两种力量中，前者可以使你达到人生的顶峰，尽享成功的快乐与美好;后者则可使你在整个一生中都处于一种底层的地位，困苦与不幸一直缠身。还有一种情况，当某些人已经到达顶峰的时候，也许会让后者将他们从顶峰拖滑而下，跌入低谷。

对成功而言，心态真可谓太重要了。如果保持积极的心态，掌握了自己的思想，并引导它为明确的目标服务的话，就能享受到这样的结果:为自己带来成功环境的成功意识;生理和心理的健康;独立的经济;出于爱心而且能表达自我的工作;内心的平静;没有恐惧的自信心;长久的友谊;长寿而且各方面都能取得平衡的生活;免于自我设限;了解自己和他人的智慧。

相反，如果保持一种消极心态，而且使之渗透到思想之中，影响了工作和生活，将会尝到这样的后果:贫穷与凄惨的生活;生理和心理的疾病;使自己变得平庸的自我设限;恐惧以及其他破坏性的结果;限制自己帮助自己的方法;敌人多，朋友少;产生人类所知的各种烦恼;成为所有负面影响的牺牲品;屈服在他人的意志之下;过着一种毫无意义的颓废生活。

也许你会说:"我的学业正陷入低潮，我也试过积极心态这一招，但我的成绩依旧毫无起色。积极思想无法改变事实，要不然我怎么还会遇到失败呢？"

如果你对积极心态的力量持一种否定与排斥的想法，那说明一点，你并不完全真正了解积极心态力量的本质。一个积极心态的人并不会否认消极因素的存在，他只是学会不让自己沉溺其中。积极心态要求人在生活中的每时每事中学会积极的思想，积极思想是一种思想模式，它使人们在面临恶劣的情形时仍能寻求最好的、最有利的结果。换句话说，在追求某种目标时，即使举步维艰，仍有所指望。事实不也是这样吗？当你往好的一面看时，你便有可能获得成功。积极思想是一种深思熟虑的过程，也是一种主观的选择。积极的心态能使一个懦夫成为英雄，使心志柔弱变为意志坚强，把软弱、消极、优柔寡断的人变成积极的人。

积极心态具有改变人生的力量，虽然人人皆可达成，但有些人在实行时会发生困难。这是因为某些奇怪的心理障碍会导致积极思想的无效。一个人若是不断地怀疑、质问，那是因为他不让积极思想发生作用。他们不想成功，事实上他们害怕成功。因为活在自怜的情绪中安慰自己，总是比较容易的。我们的大脑必须被训练成积极思考的模式，积极思想只有在相信它的情况下才会发生作用，并且产生奇迹，而且必须将信心与思想过程结合起来。很多人发现积极思想无效，原因之一便是他们的信心不够，以怀疑和犹豫，不停地给它泼冷水。因为他们不敢完全相信一旦你对它有信心，便会产生惊人效果。这是一切成功的法则。勇敢而大胆地信仰没有任何东西可以永远阻拦它。信仰可以集中一切力量，不要迟疑，不要怯懦，不要猜疑，要勇敢而大胆地相信这一切，这就是胜利。

儿子，只要你愿意培养积极心态，积极心态便能发挥力量。但养成它并不容易，它需要艰苦的工作和坚强的信仰，它需要你诚实地生活，拥有想成功的欲望。同时，运用积极思想时，你必须坚持才能成功。当你确定已经掌握它时，你应再进一步发展积极心态。当你仔细研读时，事实上，人的整个生命可以变得更坚强、更快乐，当你应用使心态积极起来的各项原则后，内心便会有重大的突破。更坚强的信仰、深刻的理解和无畏的奉献精神将会为你开启另一扇人生之门。你不仅会精力充沛，可以应付各种问题，你还有足够的余力和远见，对许多人产生创造性的影响。不会再有失败，不会再有挫折，不会再有绝望，人生不会在瞬间变得轻松或浮华。人生是真实永恒的，有各种问题存在。以积极的心态去思考、去行动，就不会再被任何难题所控制、阻挠。积极心态一定有惊人的效果。相信积极心态会给你带来好运。

深爱你的父亲

# 冒险的力量

　　"如果不能在30岁以前成为百万富翁，我就从奥马哈最高的建筑物上跳下去。"这位口出狂言的年轻人就是美国著名的"股市投资家"、"天才股王"——沃伦·巴菲特。他用100美元开始投资生涯，20年后变成了120亿美元。

　　1930年8月30日，被誉为"股神"的沃伦·巴菲特出生于美国内布拉斯加州的奥马哈市，父亲霍华德是当地的股票经纪人及共和党的国会议员。沃伦·巴菲特从小就极具投资意识，他钟情于股票和数字的程度远远超过了家族中的任何人。他满肚子都是挣钱的道儿，5岁时就在家中摆地摊兜售口香糖。稍大后他带领小伙伴到球场捡大款用过的高尔夫球，然后转手倒卖，生意颇为红火。上中学时，除利用课余做报童外，他还与伙伴合伙将弹子球游戏机出租给理发店老板们，挣取外快。11岁时，他便跃身股海，购买了平生第一张股票。

　　1947年，巴菲特进入宾夕法尼亚大学攻读财务和商业管理，两年后辗转考入哥伦比亚大学金融系，拜师于著名投资学理论家本杰明·格雷厄姆。1956年他回到了故乡。在亲朋好友的财力支持下，开始了他的有限合伙投资事业。这时，他25岁。

在合伙期间，巴菲特只买较冷门的股票，同时尽量地保持着对许多公营企业及私人企业的兴趣。1961年，他买下了丹普斯特半尔制造公司。1962年他开始购买贝克夏·哈斯维纺织公司。1967年巴菲特以总价860万美元购买了两家头牌保险公司。

从1982年起，巴菲特开始在贝克夏公司的年报上刊登广告，收购准备出售的企业，尤其是税后盈余能力一直维持在千万美元以上的公司。如内布拉斯加州家具商场，收购十年后，给巴菲特带来的税后净利达7800万美元。1994年全美股票市场报酬率走低，许多人一筹莫展，而巴菲特却忙得不亦乐乎。每当市场不景气时，也就是他大张旗鼓之时。可以说巴菲特的眼光非常长远，不局限于短期股票行情中所得的信息，也正因为此，他从100美元起家，到现在已经拥有超过230亿美元的财富，被誉为当今社会"最伟大的投资家"。

对于子女，沃伦·巴菲特说会留给他们一些钱，使他们还能做其他事情，但不是太多的钱，那样反而让他们不会做任何事。因为他认为这（将巨额财富全部留给子女）对社会不好，对孩子们也不好。"我能得到现在所拥有的，很大程度上说是这个社会的结果。和我的付出相比，我得到的物质财富多到不成比例。但是有很多人和我一样是良民，他们或者前往伊拉克战场服役，或者在自己的社区中辛勤服务，但是都不像我一样被'疯狂'回报，我已经拥有了生命中想要的一切。一想到巨额的回报不是回到社会而是仅给予少数几个人，原因是这几个人是从我太太的子宫里钻出来的，这个念头会让我发疯，我绝不相信某一个人的子宫具备这样的'神圣性'。"

巴菲特还担心将巨额财产留给孩子们会造成"毁灭性"结果，他说："我将给孩子们留一定的钱，其实已经给了他们一些钱，但是相比我拥有的，这些钱算不了什么。他们有的优势是能接受最好的教育，平均而言在基因上也有一定的优势，最重要的是和我一样，他们在正确的时机出生在正确的地方，这样他们就有了一切优势。如果让他们在钱堆里生活，认为自己能无限支配社会资源，这对社会无益。"

此话并非戏言，巴菲特曾在妻子的劝导下给儿子霍华德买了家农场，但霍华德必须按期缴纳租金，否则立即收回。巴菲特的3个孩子都已过而立之年，都自食其力，大儿子霍华德是个摄影师，小儿子彼得是个音乐家，女儿苏西虽然是家庭主妇，但也绝非什么事情都不做的阔太太。

巴菲特有一年在股东大会上说："那种以为只要投对娘胎便可一世衣食无忧的想法，损害了我心中的公平观念。"1.5万名股东听罢掌声雷动，巴菲特接着说："我的孩子们也在这里！他们是不是也在鼓掌？"

作为著名投资家的后代，和巴菲特具有"点石成金"的天赋一样，他的小儿子小巴菲特却没有像父亲那样从事金融工作，他在音乐领域早已是自学成才的音乐家、作曲家和制作人。他说："我父亲在投资方面完全没有给我们施加任何影响。"他半开玩笑地说："我父亲的一个信条就是一个人最大的成功是通过个人努力的成功。我庆幸父亲对我的生活没有过多干预，我完全有自由选择的权利。因此我发挥自己的优势，走了与父亲完全不一样的道路。"

在我国，目前基础教育所设立的各门学科中，从没有对孩子们进行过财商教育。这也许是受了中国一句老话"君子言义，小人言利"的影响，人们总觉得孩子们的主要任务是学习，离金钱越远越好；至于理财能力，长大了可以无师自通。似乎只有这样学习才能专心，才能纯洁心灵。事实远非如此，我们成年人大多有这样一种体会，改革开放以后，突然感觉自己在消费、金融管理等知识面前一片茫然，不得不花几倍的力气去补习，否则就难以适应快速发展的时代潮流。

财商，简单地说就是一个人认识金钱和驾驭金钱的能力，是理财的智慧。它包括两方面的能力：一是正确认识金钱及金钱规律的能力；二是正确应用金钱及金钱规律的能力。

财商教育是一种完善孩子知识结构的方式，它的目标是培养孩子正确的金钱观念和基本的理财技巧，这种教育最务实、最实际，它能够解决孩子在实际生活中面临的关于金钱与财富的问题。我们现在提倡的财商教育实际上是对孩子的一次补课。

财商是一个人判断金钱的敏锐性，以及对怎样才能形成财富的了解。它被越来越多的人认为是实现成功人生的关键。财商和智商、情商一起被教育学家们列入了青少年的"三商"教育。说起犹太人，一般会想到的国家是以色列，其实，犹太人的生存能力非常强，目前，全球经济圈中的很多精英都是犹太人。比如现任美联储主席格林斯潘，全球外汇、商品和股票投资家索罗斯，纽约市市长、布隆伯格通讯社创办人布隆伯格……

犹太人财商教育最重要的一点，就是培养孩子延后享受的理念。所谓延后享受，就是指延期满足自己的欲望，以追求自己未来更大的回报，这几乎是犹太人教育的核心，也是犹太人成功的最大秘密。犹太人是如何教育小孩的呢？"如果你喜欢玩，就需要去赚取你的自由时间，这需要良好的教育和学业成绩。然后你可以找到很好的工作，赚到很多钱，等赚到钱以后，你可以玩更长的时间，玩更昂贵的玩具。如果你搞错了顺序，整个系统就不会正常工作，你就只能玩很短的时间，最后的结果是你拥有一些最终会坏掉的便宜玩具，然后你一辈子就得更努力地工作，没有玩具，没有快乐。"这是延后享受的最基本的例子。

在犹太人的财商教育思维里面已经融入了现代社会的价值观，个人的一生是其规划的范围，个人追求，个人资源，都有理性规划，其最高目标是幸福的一生，财商是其规划的总体理论。

## 初级阶段——掌钱能力

很多家长担心孩子乱花钱，会"剥夺"孩子们掌控钱的机会。比如要买什么东西，统统向父母伸手要；孩子们得到的压岁钱，家长们也会说："压岁钱由父母来帮你保管"，全数地将压岁钱收回去。这样做的弊端是，孩子们会因此养成要花钱就伸手，一有钱就赶快花光的习惯，而缺乏对消费的规划意识。

孩子面临的最大问题是零用钱如何花。我们可以看看洛克菲勒孙子约翰零用钱处理的几条细则：

1. 5月1日起约翰的零用钱起始标准为每周1美元50美分。

2. 每周末核对账目，如果当周约翰的财政记录让父亲满意，下周的零用钱上浮10美分。

3. 双方同意至少20%的零用钱将用于储蓄。

4. 双方同意每项支出都必须清楚、确切地被记录。

5. 双方同意在未经爸爸、妈妈的同意下，约翰不可以购买商品，并向爸爸、妈妈要钱。

法国的家长在孩子10岁左右时，就给他们设立一个个人的独立银行账户，并划入一笔钱。法国家长的目标是让孩子从小就学会明智、科学，而不是机械、盲目地"理财"。

对于第一次拥有这么多金钱的孩子，家长会及时地做出指导。如果家长发现自家孩子胡乱购买不需要或不合算的物品，会与孩子商议其独立账户必须保留金额的底线，然后一起制定短期的储蓄和消费目标。

开始时可能仅是小目标，如一把瑞士军刀、一件火车模型等，一般只需要储蓄几个星期便能大功告成；此后可转向较大目标，需耐心储蓄几个月才能实现夙愿；最后上升至更大的需储蓄上一年半载才能实现的大目标。要是在这段时期，孩子因受到其他东西的诱惑而没能"挺住"，那么他就必须为自己的合理或不太合理的花销负责。换句话说，对于孩子的财务状况，负责的是孩子自己，当然也有生性节俭的孩子对于自己账户上的钱财格外看重，生活中尽量缩小开支。此时家长往往采取一些办法来鼓励、引导孩子更为勇敢大胆地消费。他们一般会耐心、细致地启发孩子做出消费，如建议孩子邀请小伙伴去看一场电影，买一双新的运动鞋，给爷爷或奶奶送上一束鲜花等等。

这样做的一个好处是，让孩子们从小就培养起量入为出的理财意识，在进行消费的同时，会考虑到自己未来的花销和长期的规划。好习惯一旦养成，终身受益。

## 中级阶段——赚钱能力

都说开源节流，节流重要，开源的意义更大。其实更确切地说是培养孩子的赚钱意识，可以更准确地说让孩子了解赚钱的规则，让孩子从获取收入的过程中，了解到财富流转的规则，在工作中还能体味到回报与付出成比例这样看上去简单的道理，小时候的这项功课，将会给他们的一生带来巨大的精神和物质财富。

洛克菲勒从小家教很严，靠给父亲做"雇工"挣零花钱。他清晨便到田里干农活，有时候帮母亲挤牛奶。他有一个专用于记账的小本子，把自己的工作量化后，按每小时0.37美元记入账，尔后与父亲结算。这件事他做得很认真，感到既神圣又趣味无穷。更有意味的是，洛克菲勒的第二代、第三代乃至第四代，都严格照此办理。

美国人常将自己不需要了的东西拿出来拍卖。小孩自己用不着的玩具等也可以摆在家门口出售，以获得一点收入。刘先生年轻时候曾经远赴海外留学，国外从小就开始培养子女挣钱的能力，给他留下了深刻的印象。在对女儿的教育中，他也开始有意识地进行"财商"教育。"我觉得女儿学校里有一次搞的二手书交易市场就很不错。"在二手书交易市场上，孩子们把自己已经读过的书籍、报刊带到学校里，几个人开设一个小型的书摊，孩子们自己定价、互相砍价，一天的活动下来，女儿卖书挣了100多元，她又用来买了不少别的小朋友的旧书。

## 高级阶段——财富知识

除了教会孩子合理地花钱、有效地赚钱，家长们也可以试着告诉孩子一些基本的财富常识，带着他们做一些简单的投资。

现在有很多银行都推出了一些针对青少年的"儿童账户"，得到了不少家长的欢迎。但是很多人的做法仅仅是用子女的名字开设一个账户而已，存款、取款的业务则都是家长包揽。其实，家长们不妨带上自己的孩子亲自办理一些基础的银行业务，告诉他们为什么要把钱存在银行里，不同年限的存款利率为什么会不同，如何填写存单和取款单，怎样给外地的爷爷奶奶汇款等等。

现在有许多人提倡为孩子开户投资基金，甚至是购买股票，但是却忽略了让孩子参与。家长们可以先和孩子们玩一些"大富翁"的游戏，从游戏中建立起对投资的初始印象，然后介绍给孩子简单的投资知识，譬如带着他们在电脑前查看基金的净值，简单地告诉他们净值涨跌对自己的财富会有什么影响。对股票熟悉的家长，还可以选择一些孩子们知晓的公司股票，比如家里电视、冰箱的出产公司，这些品牌都出现在孩子周边，他们并不陌生，进而可以陪孩子一起注意所投资公司的相关信息消息，让他们知道，哪些信息会促使其股票涨价或跌价，以及对所投资的钱会有何影响等，在潜移默化中，孩子自然就学会简易的股票投资原则。

还有一点，家长要十分注意用自己的理财观念和消费行为来影响孩子。因为许多时候，父母不必说什么就可以把花钱的决定、次序、信念及习惯等潜移默化地传授给孩子，所以家长处处都要以身作则。

## 财商箴言

第一条箴言：要锻炼一个人的财商，让他具有富人心态，首先他确实要学会放弃，同时也要学会克服，要学会走出很多障碍和阴影。

第二条箴言：财商教育的根本目的是让人们获得自由，增加收入、减少财务问题的初衷，是减少人们在金钱上的虚荣心和攀比风。

第三条箴言：财商教育要解决人类面对金钱的两大问题：恐惧与贪婪。而为了生活稳定这个假象，人们常常沦为金钱的奴隶。

## 沃伦·巴菲特致儿子的信

亲爱的凯文：

你想获得那美好的机遇吗？你想夺取成功吗？那就要敢冒风险，投身危险的境地，去探索、去创造，不要瞻前顾后，不要害怕失败。

人生旅程上有些路段常常存在一些风险，胆小如鼠、天上掉下树叶也怕砸脑袋的人是很难抢先通过这一路段的，因而也不可能采摘到前边树上所结的最肥硕、最甘美的果实，落在后面姗姗而至者，只能摘一些疤痕累累或苦拉吧唧的果实，有时连这样的果实也摘不着，只能吃点树皮或嚼几片树叶，甚至有更严重的，只能喝西北风。世上富人和穷人的差别也许正在于此。这种逻辑的残酷性就在于它是人生旅途不可违抗的"风险规则"。

同样一件事，因为存在一定的风险，甲经过细算，认为有60%的把握，便抢占时机，先下手为强，因而取胜。乙在谋划时过于保守，认为必须有90%甚至100%的把握才下手，结果坐失良机。

儿子，勇于冒险求胜，你就能比你想象的做得更多更好。在勇冒风险的过程中，你就能使自己的平淡生活变成激动人心的探险经历，这种经历会不断地向你提出挑战，不断地奖赏你，也会不断地使你恢复进取的活力。精明的人能谋算出冒险的系数有多大，并且做好应付风险的准备，从而增加胜算。

世界的改变、事业的成功，常常属于那些敢于抓住时机，适度冒险的人。有些人很聪明，对不测因素和风险看得太清楚了，不敢冒一点险，结果聪明反被聪明误，永远只能"糊口"而已。实际上，如果能从风险的转化和准备上进行谋划，则风险并不可怕。

儿子，茫茫世界风云变幻，漫漫人生沉浮不定，而未来的风景却隐在迷雾中，向那里进发，有坎坷的山路，也有隐晦的沼泽，深一脚浅一脚，虽然有危险，但这却是在有限的人生中通往成功与幸福的捷径。但世界上大多数人却不敢走这条冒险的捷径。他们熙来攘往地拥挤在平平安安的大路上，四平八稳地走着，这路虽然平坦安宁，但距离人生风景线却迂回遥远，他们永远也领略不到奇异的风情和壮美的景致。他们平平庸庸、清清淡淡地过了一辈子，直到走到人生的尽头。也没有享受到真正成功的快乐和幸福的滋味。他们只能在拥挤的人群里争食，闹得薄情寡义也仅仅是为了填饱肚子，穿上裤子，养活孩子。而这岂不也是一种风险吗？而且，这是一种难以逃避的风险，是一种越来越无力改善现状的风险。所以，生命运动从本质上说就是一次探险，如果不是主动地迎接风险的挑战，便是被动等待风险的降临。所以，有人把世界看做上帝安排的一个赌场，把人间看作冒险家的乐园，认为人生就是冒险。

有这样一则寓言：一天，有个男孩将一只鹰蛋带回到他父亲的养鸡场。他把鹰蛋和鸡蛋混在一起让母鸡孵化。后来母鸡孵化成功，于是一群小鸡里出现了一只小鹰。小鹰与小鸡们一样生活着，极为平静安适，小鹰根本不知道自己不同于小鸡。小鹰长大了，发现小鸡们总是用异样的眼神看着自己。它想：我决不是一只平常的小鸡，我一定有什么不同于小鸡的地方。可是它却无法证明自己的怀疑，为此十分烦恼。直到有一天，一只老鹰从养鸡场上飞过，小鹰看见老鹰自由舒展翅膀，顿时感觉自己的两翼涌动着一股奇妙的力量，心里也激烈地震荡起来。它仰望着高空自由翱翔的老鹰，心中无比羡慕。它想：要是我也能像它一样该多好，那我就可以脱离这个偏僻狭小的地方，飞上天空，栖在高高的山顶之上，俯瞰大地和人间。可是怎么能够像老鹰一样呢？我从没有张开过翅膀，没有飞行的经验。如果从半空中坠下岂不粉身碎骨吗？犹豫、徘徊、冲动，经过一阵紧张激烈的自我内心斗争，小鹰终于决定甘冒粉身碎骨的风险，展翅高飞。它终于起飞了，飞到了空中。它带着极度的兴奋，再用力往高空飞翔，飞翔……小鹰成功了。它这才发现：世界原来这么广阔，这么美妙！

这则寓言故事中小鹰成功的历程，几乎展示了每一个冒险家成功的历程。

儿子，当你不满足于眼下平淡的生活，而希望享受到一种新的乐趣的时候，当你开始厌恶自己现在的生存方式而希求尝试一种更富有创造性的理想的生存方式的时候，你比照小鹰成功的案例，是不是可以得到这样的启示：新的生存方式、理想的生存方式就潜伏在现时的平常的生存方式之中，只有具备探险的勇气才能发现它。在你的身上，本来具备着打破旧的生活格局而迎来新的生活格局的巨大潜能，可是它被现时的平庸的作为掩盖着，只有具备风险意识，无所畏惧，勇于探索和实践，你的潜能才能发挥出来。完全地展示自己的才能，实现自己追求的人，才能领略到人生的最高的喜悦和欢愉，所有懦夫都不可能领略到。

儿子，你的才华，你的能力，只有通过冒险，通过克服一道道难关才能锻炼和展现出来。那些安于现状不思进取的人、没有危机感的人、不愿参与竞争和拼搏的人，则首先由于其思想意识的懒散而导致思维呆滞、反应迟钝。生活过于安逸，各方面的保险系数太大，只能导致懒惰和愚蠢。冒险与危机具有深层次的关联。把"危机"拆开了讲便是危险和机遇。人的机遇，人的成功往往存在于危险之中。

儿子，冒险免不了有失败。成功的母体便是失败。成功只是无数次失败之中的一个分子。正常的规律是，无数次的失败换来一次成功，无数人的失败换来一人成功。虽然成功的那一次、成功的那个人是幸运的，但此前无数人无数次的失败是同样伟大的。那种失败同样具有不可磨灭的价值，其价值体现在后来的成功之中。所以不要惧怕失败，而要勇敢地去接受失败。

从人生的根本意义来理解，冒险失败胜于安逸平庸。轰轰烈烈地奋斗一生，到头来失败了，他的一生仍然是伟大的、壮烈的。平平稳稳地过一辈子，惧怕失败，不冒风险，求稳，虽然可靠，虽然平静，虽然可以保住一个"比上不足比下有余"的人生，但那只是一个悲哀而无聊的人生，一个懦夫的人生。其最为痛惜之处在于，自己葬送了自己的潜能。一个人本来可以摘取成功之果，分享成功的最高喜悦，可是却把它放弃了。与其造成这样的悔恨和遗憾，不如去勇敢地闯荡和探索。与其平庸地过一辈子，不如做一个失败的英雄。

孩子，为了更大的成功，别贪恋眼前的安逸和平稳。扬起你生命的风帆，顶着满天乌云，迎着惊涛骇浪，去进击，去拼搏，去展示你生命的根本意义，实现你生命的伟大创造吧。你能成功！

*爱你的父亲*

# 品格的力量

居里夫人，波兰物理学家、杰出的科学家。1867年11月7日出生于沙皇俄国统治下的华沙，她的父亲是一位中学老师。16岁时，她以金质奖章毕业于华沙中学，后因家境困难而中断学业，担任了长达6年的家庭教师。1891年去巴黎大学求学，4年后以优异成绩毕业，并获得了物理和数学两个硕士学位。1898年7月居里夫妇共同发现了"钋"这一元素；1898年12月，他们又把另一种元素命名为"镭"。由于对放射性物质镭的发现，居里夫妇获得了1903年诺贝尔物理学奖。1906年，丈夫皮埃尔·居里去世后，居里夫人接任了丈夫在巴黎大学的物理学教授职位，成为该校第一位女教授，并继续放射性物质的研究，于1911年再次获得诺贝尔物理学奖。第一次世界大战期间居里夫人积极参与伤员的救治工作。由于长期受到辐射物质的侵害，她的健康受到极大损伤，于1934年7月4日在巴黎逝世。

作为一位杰出的女科学家，居里夫人曾在仅隔8年的时间内就分别摘取了两次不同学科的最高科学桂冠——诺贝尔物理学奖与诺贝尔化学奖，并且一生中获得了难以计数的其他科学殊荣，可谓是智慧超群、硕果累累。

作为一名母亲，她也可谓是"硕果累累"。她的长女伊伦娜是核物理学家，与丈夫约里奥因发现人工放射性物质共同获得诺贝尔化学奖；次女艾芙是音乐家、传记作家，其丈夫曾以联合国儿童基金组织总干事的身份接受瑞典国王于1965年授予该组织的诺贝尔和平奖。那么，居里夫人是怎样培养和教育自己的子女的呢？

## 早期教育中的"幼儿智力体操"

居里夫人一生科研工作十分繁忙，然而她很善于抓紧时间对子女进行早期教育，并善于把握孩子智力发展的年龄优势。譬如，居里夫人在女儿不足1岁时，就让她们开始她所倡导的"幼儿智力体操"训练，让她们广泛接触生人，到动物园看动物，让她们与猫玩；让她们到公园去看绿草、蓝天、白云，看色彩绚丽的各种植物和人群，让她们到水中玩水，使她们感受大自然的美景。孩子大了一些后，居里夫人又开始了一种带艺术色彩的"智力体操"，教孩子唱儿歌和讲童话。再大些，就开始智力训练和手工制作，如数的训练，字画的识别，弹琴、作画、泥塑，让她们自己在庭园里种植植物、栽花、种菜等，并抽出时间与她们散步，在散步时给她们讲许多关于植物和动物的趣事，如种子是怎样在花里长成的，小老鼠和鼹鼠是怎样打洞的，哪里能找到兔子窝等等。她的教育都力求从实物开始，且每天更新，以提高孩子的兴趣。她还教孩子骑车、烹调等。全方位幼儿早期"智力体操"训练不仅使孩子增长了智力，同时也培养了孩子的各种能力，增强了孩子的自信心，锤炼了性格。

## 德育教育与品格培养

居里夫人从整个科学生涯和人生道路上体会出一个道理：人之智力的成就，在很大程度上依赖于品格之高尚。因此，她把自己一生追求事业和高尚品德的精神，影响和延伸到自己的子女和学生身上，利用各种机会培养孩子形成良好的道德品格。

在丈夫皮埃尔去世以后，居里夫人开始一人承担起抚养孩子的重担。当时她经济拮据，还得补贴一部分给科研。有人建议她卖掉与皮埃尔在实验室里分离出的那1分克镭，这在当时价值100万法郎。居里夫人则认为，不管今后的生活如何困难，决不能卖掉科研成果。她让女儿从小养成勤俭朴素、不贪图荣华富贵的思想。

居里夫人还毅然将镭献给了实验室，把它用于研究工作。后来她带着两个女儿赴美国接受总统赠送给她的一克镭时，也同样告诫女儿："镭必须属于科学，不属于个人。"

在第一次世界大战期间，居里夫人再次做出一项重大的决定：将诺贝尔奖金献给法国政府，用于战时动员。居里夫人还亲自带着X光机上前线服务，并带着伊伦娜随同前往帮助检查伤病员。战争结束时，法国政府向伊伦娜颁发了一枚勋章，这对年轻的姑娘来说真是极大的荣誉。这使居里夫人得以宽慰。孩子们成长起来了，尤其是伊伦娜在战时的经历使她变得更为成熟。

居里夫人对孩子的品格培养主要包括以下4个方面：

1. 培养她们节俭朴实、轻财的品德。她对女儿的爱，表现为一种有节制的爱，一种有理智的爱，她对女儿生活上严加管束，要求她们"俭以养志"，她教育女儿说："贫困固然不方便，但过富也不一定是好事。必须依靠自己的力量，谋求生活。"

2. 培养她们不空想、重实际的作风。她经常告诫两个女儿："我们应该不虚度一生"。

3. 培养她们勇敢、坚强、乐观、克服困难的品格。她常与子女共勉道："我们必须有恒心，尤其要有自信心。"

4. 教育她们必须热爱自己的祖国。除了教她们波兰语，居里夫人还以自己致力于帮助祖国科学发展和波兰留学生的行动感染着伊伦娜和艾芙。

## 居里夫人致女儿的信

我亲爱的孩子：

一个人不仅要自信，更重要的是要自立。成功学大师们认为，"只有丢开拐杖，破釜沉舟，依靠自己，才能赢得最后的胜利。自立是打开成功之门的钥匙，自立也是力量的源泉。"每个正常人都能够过一种独立和自立的生活，但很少有人真正能够完全自立。因为依靠别人、跟从别人、追随别人，让别人去思考、去计划、去工作要省事得多。所以人们经常持有的一个最大谬见，就是以为他们永远会从别人不断的帮助中获益。

自立是每一个志存高远者必备的品质，而模仿和依靠他人只会导致懦弱。力量是自发的，不依赖他人。坐在健身房里让别人替我们练习，我们是无法增强自己肌肉的力量的。没有什么比依靠他人的习惯更能破坏独立自主能力的了。如果你依靠他人，你将永远坚强不起来，也不会有独创力。要么独立自主，要么埋葬雄心壮志，一辈子做个仰人鼻息的人。

自立绝不是只单纯给自己创造一个优越的环境，以为可以不必艰苦奋斗，就能成功。这种做法实际上只会给我们带来灾难。那个优越的开端很可能是一个倒退。年轻人需要的是能够获得所有的原动力。他们天生就是学习者、模仿者、效法者，他们很容易变成仿制品。当你不提供拐杖时，他们就会无法独立行走了。只要你同意，他们会一直依靠你。锻炼意志和力量，需要的是自助自立精神，而非靠来自他人的影响力，也不能依赖他人。

爱迪生说："坐在舒适软垫上的人容易睡去。"依靠他人，觉得总是会有人为我们做任何事所以不必努力，这种想法对发挥自助自立和艰苦奋斗精神是致命的障碍！"一个身强力壮、背阔腰圆，重达近一百五十磅的年轻人竟然两手插在口袋里等着帮助，这无疑是世上最令人恶心的一幕。"

你有没有想过，你认识的人中有多少人只是在等待？其中很多人不知道等的是什么，但他们在等某些东西。他们隐约觉得，会有什么东西降临，会有些好运气，或是会有什么机会发生，或是会有某个人帮他们，这样他们就可以在没受过教育，没有充分的准备和资金的情况下为自己获得一个开端，或是继续前进。

在我的人生经历中，从没见过某个习惯等候帮助、等着别人拉扯一把、等着别人的钱财，或是等着运气降临的人能够真正成就大事。只有抛弃每一根拐杖，破釜沉舟，依靠自己，才能赢得最后的胜利。自立是打开成功之门的钥匙，自立也是力量的源泉。孩子，一旦你不再需要别人的援助，自强自立起来，你就踏上了成功之路。一旦你抛弃所有外来的帮助，你就会发挥出过去从未意识到的力量。

世上没有比自尊更有价值的东西了。如果你试图不断从别人那里获得帮助，你就难以保有自尊。如果你决定依靠自己，独立自主，你就会变得日益坚强。要相信你到这个世界上来是有目的的，是为了造就自己，是为了帮助别人，是扮演一个别人替代不了的角色，因为每个人在这场盛大的人生戏剧中都扮演着自己的角色。如果你不扮演这个角色，这出戏就有缺陷了。只有当你意识到自己注定要在世上完成一件事、扮演一个角色、必须自立时，你才能有所作为。生活也因此具有了崭新的意义。你说是这样吗？我的女儿。

圣诞节就要到了，祝你圣诞快乐！

想念你的母亲

# 心态的力量

西格蒙德·弗洛伊德，奥地利精神科、神经科医生、精神分析学派的创始人，西方心理学第二势力领导者。他开创了潜意识研究的新纪元，促进了动力心理学、人格心理学和变态心理学的新发展，奠定了现代医学模式的新基础，并为20世纪西方人文科学提供一个重要的理论支柱。其著作《梦的解析》被誉为改变人类历史的书籍。

弗洛伊德1856年5月6日出生于摩拉维亚的弗赖堡（现为捷克的普莱波）小镇里一个犹太籍的商人家庭。他在中学时代就显示出非凡的智力，1873年进入维也纳大学，曾在著名生理学家艾内斯特·布吕克的指导下进行研究工作，后私人开业治疗精神疾病。在与著名医师布洛伊尔合作治疗癔症患者期间，对精神分析产生了浓厚的兴趣，并于1896年正式提出精神分析的概念。1900年他出版的《梦的解析》通常被人们视为精神分析学的正式形成。1930年弗洛伊德被授予歌德奖金。1936年他80寿辰时，荣任英国皇家学会会员。1939年因癌症去世于英国。

其主要著作有：《梦的解析》、《日常生活的心理病理学》、《精神分析引论》、《群众心理学和自我分析》、《自我和本我》、《精神分析引论新编》、《弗洛伊德心理学全集》。他一生中对心理学的最重大贡献是对人类无意识过程的揭示，提出了人格结构理论，人类的性本能理论以及心理防御机制理论。

弗洛伊德的思想极为深刻，深谙文学、历史、医学、哲学、宗教等各个领域的知识。他的思考敏锐、分析精细、构思步步趋入，善于揭示出人们的心灵，这些特点也充分表现在了他对孩子们的教育中。

曾有一位美国作家写过一本书，里面是有关心理学大师弗洛伊德和他的孩子们之间的关系的，其中有一则是非常确切的。有一次，他的朋友亲眼看到他的女儿趴在他的大腿上撒娇，那种情景和他那自然流露的感情真是表露无遗。对弗洛伊德而言，能和孩子们在一起，分享他们的快乐，是他的最大兴趣。假日，大家在一起时，他也会把宝贵的时间用在他的孩子们身上。

如果要找弗洛伊德教育孩子方法的毛病，唯一的一点就是他那不寻常的宽大放任。在那个时代，让孩子们的性格自由发展，很少加以限制或惩处是少有的现象。弗洛伊德显然已走在前面，而其效果也非常好，不管是他的儿子或女儿，他们后来的发展都令人满意。

在弗洛伊德的家里，最不寻常的一点就是那种出奇的和谐气氛，孩子们都和他们的父母一样具有高度的幽默感。所以他们的生活中充满了欢笑，彼此之间偶尔也有揶揄，但是绝对没有恶意的玩笑或者无端地发脾气。这一家人中，没有一个人能想起他们之间曾有过争吵的事。

弗洛伊德常说，人生有三件事不能过多的打经济算盘，那就是：健康、教育和旅行。他还认为让孩子们穿着好的衣服，对于他们的自重、自爱也是很重要的。

弗洛伊德特别注意孩子们的假期和旅游，他认为绝不能因为没有钱而扫他们的兴。所以在这方面，他们要什么，就给什么，而他们从来也不辜负他的好意，足以表明他的孩子有很好的性格。另一方面，由于他能设身处地和公平待人，使他常常为朋友的经济情况着想，而他的这个良好的品格也深深地感染了他的孩子们。他的大儿子最知心的朋友是一个很穷的年轻人，每当他们两人要一道去爬山旅行时，弗洛伊德一定先问清楚这位朋友带多少钱，然后他就按照那个数目给他的儿子，他认为这样做才不至于使那位朋友处于尴尬地位。

假日旅行对弗洛伊德有特别的意义。在每次出外旅行之前好几个月，甚至早在半年多之前，他就和家人、亲友反复地讨论未来的旅游目的地，计划找一个迷人的消暑胜地。他常常会在复活节时去做一次试验性旅行，同时向家人写一份有趣的书面报告。他们全家对这都很感兴趣，他们提出的条件也很特别：一幢舒适的房子，里面要有一间弗洛伊德能写作的房间；要位于一定的海拔高度上，有充足的阳光，有清新的空气，附近要有可供散步的松林，要有充分的蘑菇可采撷，要有美丽的景色，最重要的是要宁静，要远离那些任何为游人向往的名胜。

弗洛伊德的假日消遣最突出的活动就是找蘑菇。在这方面他有出奇敏锐的眼光，他可以说出哪些地方有蘑菇，甚至在火车疾驰而过时，也能指出那些地方来。有时当他和孩子们一起出去找蘑菇时，会突然离开他们。这时，他的孩子们马上就意识到父亲在近处找到了蘑菇，果然，他们马上就听到他找到蘑菇的那股欢笑声。在找到蘑菇时，他常常静静地爬过去，然后，突然用帽子把那堆蘑菇盖住，仿佛它是一只鸟或蝴蝶，生怕它会飞去似的。此外，他们还会去找一些少见的野花；然后，等空闲时，再仔细地辨认分类。他的一个女儿曾经说，父亲喜欢教给他们三件事是：野花的知识、找蘑菇的艺术、玩牌的技巧。而他本人在这三方面，确实都很内行。

"给孩子减负，让孩子自由"，类似的呼声我们经常听到，而有关部门也一直努力在做，但正如有些老师说的，"我们在课业上是给学生减负了，但是学生回到家里，家长却没有给他们减负，不是请家教就是上各类辅导班，不是学画画就是学弹琴，孩子始终还是得不到真正的自由。"爱女心切、望子成龙是天下父母的心愿，我们对此无可厚非，但同时是否该替孩子们想想，他们幼小的心灵在想什么？他们需要什么？他们喜欢怎样的生活？如今的父母千方百计为孩子着想，让他们从小能歌善舞、文武双全，总以为多学些东西长大了才会有更好的发展。父母们的想法不能说没有道理，但如果这一切都是建立在孩子不情愿的基础上，那么结果往往会偏离预想的轨道。孩子们平时忙、周末忙、白天晚上忙，拥有一个快快乐乐、无忧无虑的童年，成了孩子们的奢望。为什么大人非要在这一生一次的童年里给他们太多压力和无奈呢？如果孩子自己对某方面感兴趣，自己想学，那么父母应该全力支持；如果只是父母将自己的意愿强加在孩子身上，逼着他们去学，那就失去了学习的意义和乐趣。与其让孩子做自己不喜欢做的事情，还不如带着孩子痛痛快快地玩，在玩中也能学到更多的东西。

真正给孩子自由的空间，让他们的生活少一些约束和羁绊，多一份理解和信任，让他们活得快乐些，也许有一天你会收获一份意想不到的惊喜。

## 弗洛伊德致儿子的信

亲爱的弗雷德里克：

你来信说心态不佳，我极为担忧，因为心态对于人生太重要了。成功人士的首要标志，在于他的心态。一个人如果心态积极，乐观地面对人生，乐观地接受挑战，那他就成功了一半。这里给你讲述一个故事和几个有趣的实验。希望你能从中得到点什么，摆脱不佳的心态。

先说说关于心态的一个小故事：一天，几个白人小孩正在公园里玩。这时，一位卖氢气球的老人推着货车进了公园。白人小孩一窝蜂地跑了上去，每人买了一个气球，兴高采烈地追逐着放飞的气球跑开了。白人小孩的身影消失后，一个黑人小孩基恩才怯生生地走到老人的货车旁，用略带恳求的语气问道："您能卖给我一个气球吗？""当然可以"，老人慈祥地打量了他一下，温和地说，"你想要什么颜色的？"他鼓起勇气说："我要一个黑色的。"脸上写满沧桑的老人惊诧地看了看这个黑人小孩，旋即递给了他一个黑色的气球。他开心地接过气球，小手一松，气球在微风中冉冉升起。老人一边看着上升的气球，一边用手轻轻地拍了拍基恩的后脑勺，说："记住，气球能不能升起，不是因为它的颜色、形状，而是气球内充满了氢气；一个人的成败，不是因为种族、出身，关键是你有没有一个好的心态。"老人的话深深地铭刻在基恩的心里，从此他始终保持着积极的心态面对生活与人生，后来他成为加州的第一个黑人议员。

　　再说说芝加哥大学的心理学专家曾做过的一个有趣的实验。被试者包括3组学生和3组白鼠。专家告诉第一组的学生："你们非常幸运，你们将训练一组聪明的白鼠，这些白鼠已经经过智力训练且非常聪明了。"专家又告诉第二组的学生："你们的白鼠是一般的白鼠，不很聪明，也不太笨。它们最终将走出迷宫，但不能对它们有过高的期望，因为它们仅有一般能力和智力，所以它们的成绩也仅为一般。"最后，专家告诉第三组的学生说："这些白鼠确实很笨，如果它们走到了迷宫的终点也纯属偶然。它们是名副其实的白痴，自然它们的成绩也将很不理想。"

　　后来学生们在严格的控制条件下进行了为期6周的实验。结果表明，白鼠的成绩，第一组最好，第二组中等，第三组最差。有趣的是，所有作为被试的白鼠实际上都是从一般白鼠中随机取样并随机分组的。实验之初，3组白鼠在智力上并无显著差异。那么为何会产生如此不同的实验结果呢？显然是由于实施实验的3组学生对白鼠具有不同的态度，从而导致了不同的实验结果。简而言之，由于学生对白鼠具有不同的偏见，便产生了不同的态度，从而以不同的方式对待它们。正是由于不同的对待方式导致了不同的结果。学生们虽不懂白鼠的语言，但白鼠却"懂得"人对它的态度，可见态度是一种通用的语言。

　　上述实验后来又在以学生为对象的实验中得到证实。该实验是由两位水平相当的教师分别给两组学生教授相同的内容。所不同的是，其中一位教师被告知："你很幸运，你的学生天资聪颖。然而，值得提醒的是，正因为如此，他们才试图捉弄你。他们中有的人很懒，并将要求少布置作业。别听他们的话，只要你给他们布置作业，他们就能完成。你也不必担心题目太难，如果你帮助他们树立信心，同时倾注着真诚的爱，他们将可能解决最棘手的问题。"另一位教师则被告知："你的学生智力一般，他们既不太聪明也不太笨，他们具有一般的智商和能力。所以我们期待着一般的结果。"

在该学年底，实验结果表明，"聪明"组学生比"一般"组学生在学习成绩上整整领先了一年。其实在被试中根本没有所谓"聪明"的学生，两组被试的全都是一般学生，惟一的区别就在于教师对学生的认知不同，导致了对他们的期望态度也不同，从而以不同的方式对待他们。其中一位教师把这些一般的学生看作天才儿童，因而就作为天才儿童来施教，并期望他们像天才儿童一样出色地完成作业。正是这种特殊的对待方式，使得一般学生有了突出的进步。

儿子，我们不能预知生活中的各种情况，但我们能够控制自己去应对它、适应它。正确的心态与良好的习惯会有积极的收获，千万不要接纳心灵的垃圾，让不良心态左右了自己。须知我们的心态在很大程度上决定了我们人生的成败。

儿子，态度决定一个人的前途与成功，你想自己是什么样的人，你就会成为什么样的人。希望你能开朗，把你说的不佳心态扔到太平洋里去，而有一个积极明亮的心态。以正确的态度来对待你周围的人与事以及自己的学业和前途！

祝你快乐！

爱你的父亲

# 借鉴历史的力量

　　拿破仑·波拿巴，法兰西第一帝国皇帝，军事家，统帅。生于科西嘉岛。法国大革命时期参加革命军，1793年土伦战役中指挥出色，擢升准将。1795年镇压王党叛变有功晋升少将，任巴黎卫戍司令。次年率兵进攻意大利，打败奥地利。1798年侵入埃及。1799年发动雾月十八日政变，组成执政府，自任第一执政官。1804年加冕称帝，建法兰西第一帝国。强化中央集权，镇压波旁王朝复辟势力，并颁布《民法典》（通称《法国民法典》），巩固资产阶级革命成果。对外不断战争，多次打败反法联军。但对英采取大陆封锁政策无成。1812年发动对俄战争惨败，加速了帝国的崩溃。1814年反法联军攻陷巴黎，被放逐于厄尔巴岛。1815年再返巴黎，重掌政权（史称"百日王朝"）。滑铁卢战役失败后，被流放于圣赫勒拿岛。最终病死于该岛。有书信集、回忆录存世。

　　作为一名纵横四海的英雄人物，拿破仑·波拿巴影响了整个欧洲的历史，他是一个伟人。作为一个父亲，他又是一个充满爱心的普通人，以普通人的情感和行为方式去爱着自己的孩子。拿破仑42岁才得子。当他听到孩子发出第一声啼哭时就把他抱了起来，亲吻他的额头，然后把他抱到妻子面前，激动得浑身颤抖，连走路都摇晃了。110响的礼炮在轰鸣，而拿破仑却在流泪："我简直难以感觉这巨大的幸福，我可怜的妻子受的苦太大了！"

拿破仑在儿子身上倾注了一切的爱。他骄傲自豪，对前途充满信心，对孩子百般疼爱。每天他都去看儿子几次，叫人松开襁褓，摸他那光溜溜的身子，做鬼脸逗孩子笑，甚至扯耳朵。待孩子稍大一点，他让儿子倚在窗边观看阅兵式，抱儿子去加罗塞尔竞技场看皇家卫队操练，并特意给儿子制作了好几套小军装。

在被流放在圣赫勒拿岛的五六年的时间里，拿破仑从未将儿子忘记。他通过仆人弄到了儿子的一绺环形金发，整天爱不释手，抚摸、亲吻。后来他从投机商手里得到了一尊蹩脚的儿子的半身雕像，让人摆在寒酸的壁炉上。有人来做客，他就乐不可支地指给人家看。他从内心深处为儿子祝福。他说："如果我死在这个孤岛上，他必将上台执政。"拿破仑知道父亲老波拿巴死于癌症，而他自己当时也感到右腹胀痛，怀疑自己也得了遗传性胃癌。因此他多次要求医生，在他死后，希望能解剖尸体，采取可能的预防措施，以免儿子染上这一遗传病。

拿破仑在临死前，还口述了一封遗书给儿子，由他的随从执笔代写，摘录如下：

我的儿子不应只考虑为我之死而报仇的事，他应利用这个机会有所作为……要竭尽全力，实现和平治国。我不得已没能够征服欧洲，而愿我的儿子从我播下的种子里冒出新芽，使法兰西土地上的一切繁荣因素蓬勃发展。只有这样，他才能成为一个伟大的君主。

我的儿子永远也不要借助外来势力重新登基……法兰西民族是最容易统治的，只要你不违背他们的意志。

法兰西人民迷恋两件事物：热爱平等，喜欢礼仪。一个政权只能用特殊的法律方能满足这两项要求。

我的儿子应是有崭新思想和事业心的人，要继承和发扬我已经取得了辉煌成就的事业，用法律更新人民的思想，在各地建立新的政权机构，消除封建残余，保障人的尊严，促进经济繁荣，以更高形式统一欧洲。

你们要把我的上述遗言公之于众，让我的儿子去读、去思考。你们要告诉他，要保护所有曾经为我效劳的人。

让我的儿子经常读读历史，并思考历史的重大事件，只有历史才是唯一的、真正的哲学。我希望他无愧于自己的命运。

拿破仑教育儿子不以一己之念，而以国家大业为重，希望儿子成为具有崭新思想和事业心的人，能成就事业，有所作为。从这份"真正的政治遗嘱"中，可以看出拿破仑博大的胸襟和远见卓识。这对于今天和未来的父母来说，都具有深远的启迪和教育意义。

# 严格家教的力量

已经宣誓就职美国总统的奥巴马开创了新的美国和世界历史。奥巴马的母亲无疑是一个伟大的教育者。奥巴马的母亲突破种族偏见嫁给黑人，在与奥巴马的父亲离婚后依然胸怀宽阔，为其父亲树立良好形象，并让奥巴马从小接受精英而多元化的教育，这些非常难得。我记得在翻译《我父亲的梦想——奥巴马回忆录》一书的过程中有些很难忘的细节。比如奥巴马6岁时跟随母亲去印尼以后，由于母亲没有钱送他去国际学校，只好送他去了普通当地的印尼学校，而这些学校使用当地语言教学。尽管如此，奥巴马的母亲却深知早期教育的重要性，她加倍努力自己亲自辅导奥巴马。每周星期一到星期五，她都会在凌晨4点叫奥巴马起床，然后教他3个小时的英文，然后奥巴马再去学校接受当地教育，妈妈还要去上班。每天凌晨4点就起床教育自己的儿子3个小时，一周连续5天，这需要怎样的毅力和付出？并且他的母亲对他的寄望很高，从小教导奥巴马做人要诚恳、坦率、有主见。奥巴马的自信、魄力和拉近不同人群的能力，以及面对强势女性能处之泰然的特点，无一不反映了母亲的影响力。他们母子俩虽然长时间远隔重洋，但始终关系密切。

奥巴马后来在写给自己两个女儿的信中提到母亲对他的教育："这正是我在你们这年纪时，外婆想要教我的功课，她把独立宣言开头几行念给我听，告诉我有一些男女为了争取平等挺身而出游行抗议，因为他们认为两个世纪前白纸黑字写下来的这些句子，不应只是空话。她让我了解到，美国所以伟大，不是因为它完美，而是因为我们可以不断让它变得更好，而让它更好的未竟任务，就落在我们每个人的身上。"奥巴马的母亲把独立宣言念给奥巴马听，从小对他进行自由、民主和美国精神的教育，并且从小给他灌输了"领导国家"的理念，她对奥巴马说："你不能像那些只顾享乐的人一样，总是坐等着机会送上门来。"正因为懂得抓住机会，才使得奥巴马总是能在机会面前抢先一步。这种对高层次理想的培养更是极难见到，当然也就造就了非同寻常的未来总统。

这种严格要求的教育方式也被奥巴马运用到教育自己的两个女儿，奥巴马在给10岁的马莉娅和7岁的萨莎写的信中敦促女儿在看到错误事物要挺身而出矫正，并努力工作让其他人也能获得"你们所拥有的机会"，他希望她们能成为有同情心和有责任感的女性，以助建造一个充满梦想和希望的世界。

奥巴马给她们设立以下家规：一是不准出现以下行为：抱怨、哭闹、争辩、纠缠和恶意嘲笑。二是自己的事情自己做，比如给自己冲麦片或倒牛奶，自己叠被子，自己上闹钟等等。三是如果干家务，每星期能从爸爸那里领得1美元零用钱。四是要求两个孩子安排充实课余生活：马莉娅跳舞、排戏、弹钢琴、打网球、玩橄榄球；萨莎练体操、弹钢琴、打网球、跳踢踏舞。

成功的家庭教育应是，家长注重锻炼孩子独立的生活能力，可以宠爱但不应溺爱。要有计划有意识地培养孩子的独立能力，要求一致，持之以恒。奥巴马要求孩子自己整理床铺，自设闹钟，自己起床穿衣服，干家务等，能锻炼和培养孩子的独立性、自制力、坚韧性等良好的个性品质，孩子也应参加力所能及的家务劳动，这样就能逐步形成劳动的习惯。

除了很好的家教之外，奥巴马成长的过程中书籍对他的影响很大。他在美国哥伦比亚大学和哈佛大学读本科和研究生，这两所大学都是美国最顶尖的大学。我女儿现在上哥伦比亚大学一年级，她告诉我学校的图书馆是奥巴马当年在哥伦比亚读书时花时间最多的地方，常常一待就是一整天，在哥伦比亚大学期间，书籍是奥巴马最好的伴侣和朋友。现在网上最流行的一张奥巴马照片就是他在哈佛读书时手捧一本书的照片。读书的好习惯和博览群书的性格帮助造就了奥巴马的成长与成功。

在战后美国历届总统中，奥巴马可能是最爱读书的，而且读的书的确也很多。从他自传广博的知识和优雅流畅的语言中我们能猜想他的阅读是非常丰富的。美国媒体也认为，他是美国很长时间以来难得一见的"有文化的总统"。他在自传中提到，每次遇到问题时，他都会找来相关的书阅读，希望从书中得到些启示。

奥巴马认为塑造他人生最感动的书是《圣经》。还有莎士比亚的悲剧，不管《哈姆莱特》还是《李尔王》，每一部悲剧都那么丰富。你可以一年读一次，每年都读，年年有新意，年年都有你不曾留意的东西，书里有对人性两难境遇的洞察非常有力。

奥巴马有很好的语言表达能力。从回忆父亲到回忆自己的幼年经历，从因身份焦虑而堕落到回到非洲寻求来自父亲的梦想，青年奥巴马的人生围绕寻求非同寻常的种族身份而展开，并被附上了找寻梦想的内涵。奥巴马的文学修养是很高的，他还喜欢一些文学性极高一般人很少涉猎的著作。奥巴马在当选总统后曾与阿根廷总统克里斯蒂娜·费尔南德斯通过电话。他在电话中谈了对阿根廷的了解："大学时曾认真看过博尔赫斯和科塔萨尔的小说，因此非常了解。"

奥巴马曾在接受采访时表示，他读过美国历史学家爱德华·史密斯的《富兰克林罗斯福》，他也读过新闻记者乔纳森·艾尔特的《决定性瞬间：罗斯福的一百天和希望的胜利》。在美国，有关罗斯福总统的书数以百计，这两本书据说是诸多罗斯福传记中较好的。据说，奥巴马还读过普林斯顿大学教授拉里·巴特尔斯的《不平等的民主：新镀金时代的政治经济》。这本书阐述了为何民主党执政时期，美国经济会更繁荣些。奥巴马已经明确提出，他将通过大规模的基础设施建设来应对危机，振兴美国经济。在这方面，他应当是从罗斯福总统那里得到了启示。

奥巴马今天当选美国总统成功，与他有一个很好的母亲、很好的家教传统和他爱好博览群书是密不可分的，且不管奥巴马未来的政治主张如何，单就其家庭教育、他母亲的育儿方式和他博览群书的习惯来说，是值得我们欣赏或予以借鉴的。

奥巴马在即将上任之际，写了封感性十足的公开信给两个尚未成年的女儿，为这两年里多数时间没能陪在她们身旁致上歉意，并为自己为何选择迈向白宫之路作了一番解释。

# 奥巴马给女儿的信

亲爱的马莉娅和萨莎：

我知道这两年你们俩随我一路竞选都有过不少乐子，野餐、游行、逛州博览会，吃了各种或许我和你妈不该让你们吃的垃圾食物。然而我也知道，你们俩和你妈的日子，有时候并不惬意。新来的小狗虽然令你们兴奋，却无法弥补我们不在一起的所有时光。我明白这两年我错过的太多了，今天我要再向你们说说为何我决定带领我们一家走上这趟旅程。

当我还年轻的时候，我认为生活就该绕着我转：我如何在这世上得心应手，成功立业，得到我想要的。后来，你们俩进入了我的世界，带来的种种好奇、淘气和微笑，总能填满我的心，照亮我的日子。突然之间，我为自己谱写的伟大计划显得不再那么重要了。我很快便发现，我在你们生命中看到的快乐，就是我自己生命中最大的快乐。而我也同时体会到，如果我不能确保你们此生能够拥有追求幸福和自我实现的一切机会，我自己的生命也没多大价值。总而言之，我的女儿，这就是我竞选总统的原因：我要让你们俩和这个国家的每一个孩子，都能拥有我想要给他们的东西。

我要让所有儿童都在能够发掘他们潜能的学校就读；这些学校要能挑战他们，激励他们，并灌输他们对身处的这个世界的好奇心。我要他们有机会上大学，哪怕他们的父母并不富有。而且我要他们能找到好的工作：薪酬高还附带健康保险的工作，让他们有时间陪孩子、并且能带着尊严退休的工作。

我要大家向发现的极限挑战，让你们在有生之年能够看见改善我们生活、使这个行星更干净、更安全的新科技和发明。我也要大家向自己的人际界限挑战，跨越使我们看不到对方长处的种族、地域、性别和宗教樊篱。

有时候为了保护我们的国家，我们不得不把青年男女派到战场或其他危险的地方，然而当我们这么做的时候，我要确保师出有名，我们尽了全力以和平方式化解与他人的争执，也想尽了一切办法保障男女官兵的安全。我要每个孩子都明白，这些勇敢的美国人在战场上捍卫的福祉是无法平白得到的：在享有作为这个国家公民的伟大特权之际，重责大任也随之而来。

这正是我在你们这年纪时，外婆想要教我的功课，她把独立宣言开头几行念给我听，告诉我有一些男女为了争取平等挺身而出游行抗议，因为他们认为两个世纪前白纸黑字写下来的这些句子，不应只是空话。

她让我了解到，美国所以伟大，不是因为它完美，而是因为我们可以不断让它变得更好，而让它更好的未竟工作，就落在我们每个人的身上。这是我们交给孩子们的责任，每过一代，美国就更接近我们的理想。

我希望你们俩都愿接下这个工作，看到不对的事要想办法改正，努力帮助别人获得你们有过的机会。这并非只因国家给了我们一家这么多，你们才当有所回馈，你们的确有这个义务，因为你们对自己负有义务。因为，唯有在把你的马车套在更大的东西上时，你才会明白自己真正的潜能有多大。

这些是我想要让你们得到的东西：在一个梦想不受限制、无事不能成就的世界中长大，长成具慈悲心、坚持理想，能帮忙打造这样一个世界的女性。我要每个孩子都有和你们一样的机会，去学习、梦想、成长、发展。这就是我带领我们一家展开这趟大冒险的原因。

　　我深以你俩为荣，你们永远不会明白我有多爱你们，在我们准备一同在白官开始新生活之际，我没有一天不为你们的忍耐、沉稳、明理和幽默而心存感激。

爱你们的老爹

# 独立的力量

　　被誉为电脑奇才、20世纪最伟大的计算机软件行业巨人的比尔·盖茨于1955年10月28日出生，在西雅图长大。从少年时代即热衷于电脑游戏，富于想象力。1973年进入哈佛大学法律系学习，19岁时退学，与同伴保罗·艾伦（Paul Allen）创办电脑公司，直到后来创办了微软公司，自任董事长、总裁兼首席执行官。1998年1月，他将总裁一职让给史蒂夫·鲍尔默，2000年1月13日，他宣布不再担任该公司的首席执行官一职，以便从对公司日常事务的管理中脱出身来，集中精力推进下一代视窗因特网平台及其服务工作。

　　盖茨36岁时即成为世界上最年轻的亿万富翁，从1994年起在全球首富榜赫然屹立。根据美国《福布斯》杂志的统计，盖茨是全世界最有钱的人（2008年前）。虽然拥有巨额财富，但他声称将不留一分钱给他的后代，并准备把自己95%的财富捐赠给慈善机构。他和妻子已经捐赠了超过240亿美元建立了一个基金，支持在全球医疗健康和教育领域的慈善事业。1999年他被《时代》周刊评为在数字技术领域影响重大的50人之一。1998年和1999年连续两年被英国《金融时报》评为全球最受尊重的企业家。

1995 年盖茨出版了《未来之路》(The Road Ahead)，连续 7 周名列《纽约时报》畅销书排行榜的榜首。1999 年，又撰写了《未来时速》一书，向人们展示了计算机技术是如何以崭新的方式来解决商业问题的。这本书在超过 60 个国家以 25 种语言出版，赢得了广泛的赞誉，并被《纽约时报》、《今日美国》、《华尔街日报》和 Amazon.com 列为畅销书。

比尔·盖茨的家庭可谓是典型的上层阶级，他的孩子一出生就倍受人们关注。一位竞争对手说，这下好了，盖茨必将花更多的时间在孩子身上，我们可以趁机超越他。然而，比尔·盖茨并没有把所有时间花在孩子身上，他告诉太太，除了给孩子喂奶，其余时间不必管他。比尔·盖茨这样做，绝不是担心竞争对手超越自己，而是为了让孩子从小就具备独立意识。比尔·盖茨认为，让孩子成为优秀的人，关键是培养孩子的性格，而非培养他的学问。培养性格最重要的一点，就是培养孩子的独立性及生存能力。

孩子上学的第一天，比尔·盖茨亲自领孩子去学校报到。比尔·盖茨把孩子送进教室后对孩子说："今天，你已经认识到学校的路了，从明天起，爸爸、妈妈就不会再接送你了，一是没有时间，二是没有必要。"从此，他的孩子每天早上独自穿过三条街巷去学校，晚上放学后再自己回去。孩子有时回到家，看见家门紧锁，也并不像其他小朋友一样害怕、哭着四处找父母，因为爸爸早就说过，你自己想办法到附近任何可以去的地方。

比尔·盖茨说到做到，哪怕是顺路经过孩子学校的门口，哪怕是刮风下雨，他都坚持让孩子独自上学、回家。有一天，孩子放学的时候，天正好下着大雨，他的孩子赤着脚快速跑到马路边的商店门前，然后，顺着门前的避雨地带小心前行。孩子的妈妈坐在车里，看见孩子浑身上下湿漉漉的样子心疼不已。比尔·盖茨则说："培养孩子的独立性，不是让孩子仅仅具有独立的意识和态度就够了，必须让孩子自己去经历，让他自己扫除障碍，只有这样，孩子才能学到相应的知识和技能，才能用各种有效的方式去自行解决问题。"

科威特教育家穆尼尔·纳素夫说过："独立能力是人生的基础。"如果一个人无法独立，那么他的人生也就不知道该如何面对变化无常的生活。人只有克服了依赖性，经受住了艰苦环境的磨炼和考验，才能走向成功与辉煌。

虽然比尔·盖茨被看作是现代计算机的开山鼻祖，但盖茨及其夫人并不赞成孩子们长时间玩电脑游戏。他们甚至制定了每天最多45分钟的游戏上限，当然这个上限在周末会被延长到1小时。在剩余时间里，盖茨的儿女们必须将精力花费在学习上。"当我的孩子问我，'是否我一辈子都要被约束'的时候，我就会说，当你独立之后，你将可以控制自己的时间，制定自己的计划。"盖茨这样描述自己和孩子之间的沟通。

盖茨到世界各地旅行，看到不少地方还非常落后。他把这些告诉孩子们，希望他们不要被优越条件惯坏了。他说："我会给他们很多书，一台很好的电脑，而不是很多玩具。我教育孩子要有爱心，不要看太多电视，玩太多电脑游戏。我鼓励他们读书，掌握各种各样的知识，从小就树立信心，觉得自己有能力面对任何挑战，你也能成就'神话'"。

盖茨说："满足孩子的好奇心非常重要。我总是尽可能解答他们提出的问题，如果我也解答不了，就跟他们一起学习，努力找到问题的答案"。这种跟孩子们一起学习，努力找到问题答案的教育方式，不仅体现了盖茨对亲情的重视，更是对孩子一生的成长至关紧要。

盖茨非常重视对父母的感恩和孝敬。他认为，在没有孩子之前，父母并不像现在这样"乏味"。你应该想到，这是他们为了抚养孩子所付出的巨大代价，并说："根据我的经验，我认为天下最不能等待的事是孝顺。"

虽然拥有580亿美元的巨额财产，但盖茨却并不认为孩子是理所当然的继承人，不打算给孩子们留下这笔财富，而是悉数捐给名下的慈善基金。他认为，拥有很多不劳而获的财富，对于一个站在人生起跑点的孩子来说并不是件好事，他觉得子女的人生和潜力应和出身的富贵和贫寒无关。如果把自己手中的财富返还给社会，其实对社会和子女都有利。

独立性是孩子终身发展非常重要的素质。有的家长认为孩子还小，大了自然就会做了；有的家长则对孩子不放心，怕孩子做不好。在这样的教育下，孩子必然依赖性强，独立性差。如果孩子从小缺乏独立性的培养，那么就会影响他日后的生存能力和竞争能力。如何培养幼儿的独立性呢？可以从以下三个方面着手：

## 放手让孩子做力所能及的事情

独立性是在实践中培养起来的。自理能力就是独立性培养的一个重要内容，凡是孩子自己能做的就让他自己做，不要代替他。比如自己穿脱衣服，自己上厕所，自己收拾玩具等等。小孩子无论做什么事情都有一个规律，即从不会到会，从做不好到做得好，因此不必求全责备，也不要着急没耐心。孩子在做事情的过程中得到了锻炼，获得了发展，这就是价值所在。孩子只要愿意做，我们就鼓励他，使他获得自信，这是培养独立性的动力所在。

## 培养孩子独立思考的能力

我们不仅要鼓励孩子独立动手做事情，还要鼓励孩子独立动脑筋想问题，凡是孩子自己能够想的就应该让他自己去想，培养孩子独立思考的习惯和能力。家长重视孩子的智力开发，鼓励孩子问问题，但是在给孩子讲知识或者回答孩子的问题时，家长也要给孩子提出问题，让他思考，鼓励他动脑筋。例如孩子问爸爸，为什么立交桥上没有红绿灯，爸爸没有回答他，而是让他想一想马路的十字路口为什么有红绿灯，红绿灯的作用是什么。孩子想了想，自己找到了答案。爸爸这样做就很好，不是有问必答，而是启发孩子自己思考，自己解决问题。

## 培养孩子自己做决定的能力

自我选择是独立性中很重要的一个方面。我们过去常常教导孩子听话顺从，认为孩子有主意不好，家长不给孩子自己决定的机会和权利。如今不少家长已经注意到了这个问题，很注意培养孩子这方面的能力。凡是可以让孩子参加谈论做决定的事情要让孩子参加，如双休日到哪儿玩，让孩子平等的参与意见，如果可行就采纳。这种做法是好的，家长观念更新了，教育行为就不一样了。

# 挫折的力量

李嘉诚这个名字，今日已成为"成功"与"奇迹"的代名词：他统领着长江实业、和黄集团、香港电灯、长江基建等4家上市公司，业务遍及各行各业，如地产、港口货运、超级市场、基建、电讯、酒店、保险、水泥、电力、网络等等，形成一个逾万亿资产的跨国企业帝国。李嘉诚本人也荣列世界富豪榜第10位，成为有史以来华人最杰出的企业家之一。这一切，使他赢得了"超人"的美誉。

1928年7月29日，李嘉诚生于广东省潮州潮安县，后随父母到香港定居。因父亲辞世，为了家庭生计，少年李嘉诚开始了学徒、工人、塑胶厂推销员的生活。

1950年，他在筲箕湾开始了自己的事业——长江塑胶厂。1957年，在北角创立了长江工业有限公司，发展塑胶花、玩具生产等。1958年、1960年先后在北角、柴湾建造了两座工业大厦。1972年9月30日，创建了长江实业有限公司，11月1日，"长实"

股票在香港证券交易所、远东交易所、金银证券交易所挂牌上市，并相继在伦敦（1973年）、加拿大的温哥华（1974年6月）挂牌上市。1974年5月，与加拿大帝国商业银行联组恰东财务有限公司。到1991年间，"长实"系财团已发展成为有重要国际地位和重大影响的跨国多元化企业集团，1995年12月，长江实业集团三家上市公司的市值，总共已超过420亿美元。

李嘉诚不仅在事业上的成功十分令人瞩目，在教育子女方面也有着自己独特的一套。在他的教育下，两个儿子在商界都取得了非凡的成就，大儿子李泽钜帮助其父亲打理家族传统生意，二儿子李泽楷则在新闻媒体、数码港、电讯盈科等业务上接连取得令人注目的业绩，并赢得了"小超人"的美誉。

在生活上，李嘉诚要求孩子们克勤克俭、不求奢华，并言传身教，为孩子树立勤俭节约的榜样。即使身为巨富，他的日常生活仍然十分平淡、简朴，他带的是廉价的日本表，穿的是十年前的西装，居住的是三十几年前的房子。他认为，苦难是最好的学校，温室里的幼苗无法茁壮成长。因此他常带着两个儿子去体察社会的艰辛，带他们坐电车、巴士，到路边报纸摊档学习小女孩边卖报纸边温习功课那种苦学的精神。在商务旅行时，他不允许孩子和他一样坐头等舱，并教育孩子，父辈只能给孩子基本的物质保障，未成年人不要依赖长辈享受过高的物质消费。次子李泽楷在美国读书时，李嘉诚只提供基本的学费、生活费和少量的零花钱，李泽楷必须通过勤工俭学，课余时间去饭店做小时工来完成学业。

李嘉诚十分注重对孩子们的传统文化教育。每逢星期日，他必会带着李泽钜、李泽楷两兄弟出海畅泳，并上演一幕"压轴好戏"。李嘉诚说："他们一定要听我讲话。我带着书本，是文言文那种，解释给他们听，然后问他们问题。我想，今天他们亦未必看得懂，但那些是中国人最宝贵的经验和做人宗旨。"李嘉诚告诉孩子们："工商管理方面要学西方的科学管理知识，但在个人为人处世方面，则要学中国古代的哲学思想。不断修身养性，以谦虚的态度为人处世，以勤劳、忍耐和永恒的意志作为进取人生的战略。"

作为一名杰出的企业家，李嘉诚很早就开始了对两个儿子的商业教育。在李泽钜和李泽楷八九岁时，李嘉诚就在董事局的会议上为他们设置了专门的小椅子，对他们进行商业熏陶。李嘉诚还总是在会后鼓励两兄弟提出不懂的问题，然后认真地进行解答。两个儿子称赞父亲是最好的商业教授。

他常常教育儿子要做一个正直的人，注意考虑对方的利益，不要占任何人的便宜。他的小儿子李泽楷曾说："我从家父那里学到的东西很多，最主要的是怎样做一个正直的商人，以及如何正确处理与合伙人的关系。"

他还教育孩子们在事业上要注重名誉，信守诺言。他说："如果要取得别人的信任，你就必须重承诺，在做出每一个承诺之前，必须经过详细地审查和考虑。一经承诺之后，便要负责到底；即使中途有困难，也要坚守诺言贯彻到底。"

在李嘉诚的培养下，两个儿子都表现出了惊人的胆识和灵敏的商业头脑，李嘉诚曾自豪地说："即使我不在，凭着他们个人的才干和胆识，都足以各自独立生活，并且养家糊口，撑起家业。"

李嘉诚认为，根基不稳的植物在外界的压力下不易存活，而夹缝中的小树却能做历风霜而不倒。因此，他从不放纵自己的两个儿子，他希望儿子能够自强自立，独立面对打击，面对困境。

孩子们读完中学后，李嘉诚就将他们送到了国外留学深造，希望他们既可以吸纳国外先进的科学文化知识，又可以充分运用自己的眼光去看待外面的世界，增长见识。

当两个儿子从美国斯坦福大学以优异的成绩毕业后，正想在父亲的公司施展才华，干一番事业时。李嘉诚却说："我的公司不需要你们！"兄弟俩都愣住了，说："别开玩笑了，您这么多公司不安排我们工作？"李嘉诚说："别说我只有两个儿子，就是20个儿子也能安排工作。但是，我想还是你们自己去打江山，让实践证明你们是否够格到我公司来任职。"兄弟俩这才恍然大悟，原来父亲是把他们俩推向社会，去经风雨，见世面，锻炼成才。

于是兄弟俩到了加拿大，李泽钜开设了地产公司，李泽楷则成了多伦多投资银行最年轻的合伙人。李嘉诚打电话问兄弟俩有什么困难，他可以帮助解决。兄弟俩总是说："谢谢爸爸关心，困难是有的，我们自己可以解决。"其实李嘉诚不过是随便问问，并不真的想帮助他们解决什么困难。当然，兄弟俩对父亲的用意再清楚不过了，即使真的要他帮助解决困难，他也不肯帮助。父亲"冷酷"得似乎不近人情，但兄弟俩理解他的良苦用心。后来兄弟俩在加拿大克服了许多难以想象的困难，把公司和银行办得有声有色，成了加拿大商界出类拔萃的人物。

据说在运输沙丁鱼的时候，尽管放入足量的水，可是沙丁鱼还是会死掉。一个聪明的人想出了一个点子：在沙丁鱼中放入几条鲶鱼，结果出人意料的，在到达目的地的时候，沙丁鱼竟然没有死。原因是当把充满活力的鲶鱼放入鱼槽后，沙丁鱼因为害怕被捕食而加速游动，增加了水中的溶氧，从而避免沙丁鱼在运输途中因缺氧而造成死亡。这种效应被称作"鲶鱼效应"。

无独有偶，在美国阿拉斯加国家动物园的鹿苑里，鹿群因不必为觅食而发愁，也不必为逃避敌害而穷于奔跑，因而很快就繁殖起来。然而在一度兴旺之后，病弱残疾者与日俱增，最后竟出现濒临绝种的危机。当地政府曾不惜斥巨资予以挽救，可惜收效甚微。后来一位聪明的管理人员建议，把几只凶残的恶狼引进鹿苑，于是许多病、弱的鹿被捕杀了。但几年后，鹿的数量不但没有减少，反而大大增加了。狼捕食了病弱者，又迫使鹿群为逃避狼害而重新奔跑，从而使得留下来的鹿群体质日益健壮。这就是人们常说的动物保持中的"逆向关怀"。

动物需要"逆向关怀"保护，需要有"鲶鱼效应"，那么我们的孩子们需不需要这种"逆向关怀"呢？回答是肯定的。

如今孩子们过着优越的生活，社会和家长为他们提供越来越优越的条件。孩子吃苦的机会太少了，大多没有逆境可处，对挫折、痛苦的承受能力，对逆境的适应能力令人担忧。要想让他们成才，成为能够适应社会，对社会有用的人，就得让孩子学会面对挫折，经历磨难，认识世界的复杂。贫穷是一种财富，苦难的挫折也是人生的财富。"挫折是良药。它可以给人们予深刻的教训，使人们的内心受到震撼，这样的教育将是极为有效的。""穷且益坚，不坠青云之志"，越挫越勇，在挫折中磨砺自己，最终养成完美的人格和健康的心理，养成克服困难，战胜挫折的坚强毅力。这也就是我们说的要对孩子进行适当的挫折教育。美国有一则谚语："谁没有经过失败和挫折，谁就找不到真理。"失败和挫折是人生的学校，它能折磨人，更能考验人、教育人、锻炼人，使人学到许多终生受益的东西。

明朝有个宰相叫张居正，自幼勤奋好学，聪明过人，13岁赴武昌乡试，湖北按察会事陈东看了他的试卷，拍案叫绝。这时，恰好湖广巡抚顾玉麟到武昌巡游，他也认为张居正是个难得的人才。但他却说："最好这次让张居正落第。"理由是："居正是个将相之才，如过早发达易使他自满，断送了上进心。让他落第，能够使他看到自己的不足，反而更能促其奋发图强。"在他看来，挫折对一个人的成长很有好处，它可以磨炼意志、促人奋发、使人清醒，可以使人感悟到平常情况下难以得到的人生真谛。一个具有雄心壮志和远见卓识的人，应该能够经受住失败和挫折的考验。张居正后来成为中兴明朝的杰出政治家，这同他少年落第经受过挫折的磨炼是分不开的。

苏珊娜是柏林一所幼儿园的教师，她十分重视对孩子进行挫折教育。有一次，她正在读小学的女儿要跟同学一起去郊游，临行前，苏珊娜发现女儿忘了把食物和手电筒装入背包。可她没有提醒女儿，旅行回来，女儿饿得脸色发黄。这时，苏珊娜才问女儿是怎么回事，并帮女儿分析了原因。最后，女儿表示："以后出门一定要先列一个物品清单，那样就不会忘带东西了。"要是换了我们，哪里会这么"残忍"，一定生怕孩子受到一丁点委屈，恨不得把世界上所有的好吃的都给孩子带上，还要替孩子背上，亲自送到车上，仍然不放心地一遍又一遍的叮嘱……这能帮助孩子养成良好的习惯？

日本人对孩子的教育有着较深远的考虑。当他们深感年轻一代的创业精神远不及老一辈时，便想方设法对孩子进行"吃苦教育"。一所学校给孩子做了"忆苦饭"，结果孩子面对大人当年吃过的糠菜号啕大哭，拒食三天，可校方仍毫不动摇。第四天，孩子终于咽下这顿忆苦饭。在日本的许多孤岛或森林里，常常可以看到小学生的身影，他们在没有老师带领的情况下，面对既无粮又无水的可怕境地，安营扎寨，寻觅野菜野果，捡拾柴草，寻找水源，自己"营救"自己。这些孩子都是家长主动送去的。像这样的"吃苦"教育，在日本是孩子们的必修课。日本每年都要定期举办"田间学校"，"孤岛学校"、"森林学校"等，组织学生到田间、森林或海岛去"自学"，让孩子经风雨，见世面，培养吃苦耐劳的精神和克服困难的毅力；让孩子在自然界的竞争中求得生存和发展。

　　爱子之心，人皆有之，望子成龙，望女成凤是家长的共同愿望；不同的孩子同一个梦。为了实现我们的愿望，实现孩子的梦想，我们要换一种方式爱孩子，爱得深沉，爱得高远，不要怕孩子经受挫折，再不能给孩子设置温柔的陷阱了，给他们些失败的机会，让他们经受点挫折吧。

　　日本思想家福泽渝吉说："教育就是授人独立自尊之道，并开拓躬行实践之法。"又如陶行知所说，让孩子出自己的力、流自己的汗、吃自己的饭才是英雄汉。然而，我们不少家长"心太软"对孩子的一切要大包大揽，进行"一条龙"、"全方位"、"系列化"服务，饭来张口，衣来伸手，白天接送，晚上陪读，直至填写志愿，"设计"产物包大的一代，如同温室中的花朵，患了"软骨症"，见不了世面，经不了风雨，结果独生子女难独立，这种现象着实令人担忧。因此，如何培养孩子的独立人格，应成为家长重要的必修课。

# 严格的力量

富兰克林·罗斯福，美国第32任总统，20世纪美国最孚众望受爱戴的总统，也是美国历史上惟一连任4届总统的人。从1933年3月起，直到1945年4月去世时为止，任职长达12年，曾赢得美国民众长达7周的高支持率。历史学家和政治学家们一致认为，罗斯福、华盛顿和林肯是美国最伟大的三位总统。

1882年1月30日，富兰克林·罗斯福出生在纽约哈德逊河畔一个显贵的家庭里，后就读于哈佛大学和哥伦比亚大学。虽因患脊髓灰质炎致残，但却始终乐观、坚韧、自强不息。在竞选中他说："一个州长不一定是一个杂技演员，我们选他并不是因为他能做前滚翻或后滚翻，他干的是脑力劳动，是想方设法为人民造福。"他依靠出色的政绩、卓越的口才与充沛的精力，终于在1933年以绝对优势击败胡佛，成为美国第32届总统。

在罗斯福执政之初，美国正值经济大萧条，失业、破产、倒闭、暴跌随处可见，到处充斥着痛苦、恐惧和绝望。罗斯福表现出了一种压倒一切的自信，以轻松愉快的乐观态度和决心"点燃了举国同心同德的新精神之火"。他推行的新政成了资本主义的经济安定剂，有效地防止了国家受到持续半个世纪之久的经济危机的迫害。他把新的观念、新的勇气和新的自信赋予了美国，并使美国重新获得了控制自己命运的能力。可以说，罗斯福在国内的最大成就就是他从资本家手中挽救了资本主义，美国的民主制度在罗斯福的努力下又复活了。正是因为此，罗斯福赢得了1936年、1940年、1944年的大选连任。

二战初期，罗斯福曾想保持中立，但随即明白美国不可能长期置身战争之外，从而成为反法西斯的伟大斗士。自1940年起，罗斯福参与了所有有关世界的重大决定，并在其中起到了策划者和领导者的作用：1941年8月他与丘吉尔举行了大西洋会议，共同起草了《大西洋宪章》；1942年元旦，26个国家的代表会集白宫，签署了由他本人最后修改并命名的《联合国宣言》，联合国诞生；1943年11月，和丘吉尔在开罗同蒋介石会谈之后，飞抵德黑兰与斯大林举行了"三巨头"会议，吹响了战争反攻的号角；1945年2月，"三巨头"集会雅尔塔，罗斯福以多病之躯斡旋、调停，保证顺利达成《雅尔塔协定》……

作为反法西斯联盟的领袖之一，罗斯福为战争的胜利做出了不可磨灭的功绩。丘吉尔曾说："如果他当时没有采取他实际上采取的行动，如果他心中没有感受到自由的汹涌波涛，如果在我们亲身经历过的极端危难时刻，他没有下定决心援助英国和欧洲，那么人类就会陷于可怕的境地，在若干个世纪之内人类的整个前途就将沉沦于屈辱和灾难之中。"

罗斯福总统不但在治国方面是一个很有作为的领导人，决心把美国建成一个完全法治的国家，而且在对子女的教育上也是一个依法治家的好典范。

　　一次，罗斯福的一个孩子开车上街，因为违反交通规则被警察扣留，并把他带到法院去处罚。可是当法官得知他是总统的儿子时，没有处罚他，还请他到自己家里去吃饭。儿子回家以后，把这件事当作"有趣的奇遇"讲给父亲听。罗斯福听后十分生气，严肃地指出这件事情没有什么值得称赞的，并批评儿子缺乏公民责任感和守法意识，要求他立即去交通执法处交纳罚金。

　　罗斯福的儿子在读大学期间，有一次曾和同学们一起结伴到欧洲去旅行。在欧洲，他用旅费买了一匹马，想骑马旅行给商家做广告。为此，他打电报给父亲，要求寄钱让他回家。他在电报中说，这是一项很好的投资，他将骑马去冒险，给家里赚一大笔钱。罗斯福得悉后没有给儿子寄钱，而是给他回了这样一封电报："来电收知，'祝贺'你做了一笔一本万利的投资，若失利，我建议你游泳回美国来！"儿子接到这封幽默而严厉的电报后，知道父亲不同意自己的做法，很快就改变了原来的"奇思妙想"，卖掉了马匹，和同伴们一起乘船回到了美国。

　　罗斯福之所以不给儿子寄钱，不是吝惜钱，更不是没有钱，而是不愿让儿子养成大手大脚花钱的习惯，不希望孩子依赖父母过寄生的生活，不愿儿子见利忘义误入歧途。他从不给儿子任何资助，而是让他们凭着自己的能力去开辟事业，赚他们该赚的钱。

　　罗斯福虽身为总统，却从不庇护孩子，让孩子享有特权。二战开始后，他把儿子全都送上了战场，并告诫说："拿出良心来，为美国而战！"

　　"对儿子，我不是总统，只是父亲。"罗斯福的这句话曾在美国人心中产生过不小的震撼，这也是他一贯遵循的教子原则。

　　有这样一个故事：一位好心的老人，在草地上看到一只蝶蛹，便把它带回家精心保护起来。过了几天，蛹里的幼蝶把壳拱破了一道缝，可挣扎了好长时间总出不来。老人着急了，便为它做了个"手术"：用剪刀将蛹壳剪开，帮助幼蝶脱壳而出。幼蝶是出来了，但它是病态的，翅膀干瘪无力，总也飞不起来，不久就夭折了。这时老人才弄明白，原来幼蝶必须经过一番痛苦的挣扎，直到双翅足够强壮时才能冲破蛹壳，这是它生命的一个必然过程，缺少了这个过程，自然就丧失了生命力。

其实，孩子的成长过程和蝴蝶的出生有相似之处。让孩子在少年时期吃点苦头、受些挫折、经历些磨难，可以成为他们人生经历的财富，而且是比学业更重要的一笔财富。在一些发达国家，有不少人主张并实施对孩子的"挫折教育"、"吃苦训练"。这些人深信一条道理：人在少年时不经历磨难是不行的。

许多成功的企业家都经历过童年的磨难。这些磨难虽然最终被克服，但在童年，由幸福的小伙伴反衬出来的痛苦异常深刻，让人终生难忘。也就是在这时，那些孩子会暗暗发誓：终有一天，我会证明，我比人们想象的更出色、更坚强，我将笑在最后。现在一些成功的企业家在对待他们孩子的教育问题上，也是极为重视，孩子们多是白天上课，晚上打工，自赚学杂费。这倒不是为了省钱，而是他们想以此让孩子经受更多的磨炼，以利于他们更好地把握未来，将来在社会上站稳脚跟。

究竟该如何对待孩子？卢梭说过一句话："人们只想到怎样保护自己的孩子，这是不够的，应该教他在成人后怎样保护自己，教他经得住命运的打击，教他不要把豪华和贫困看在眼里，教他在必要的时候，在冰岛的冰天雪地里或者马尔他岛灼热的岩石上也能够生活。"卢梭这番话告诉我们：磨难，对孩子不是坏事；恰恰相反，它对孩子的未来人生是不可多得的、宝贵的财富……

# 纪律的力量

　　玛格丽特·希尔达·撒切尔，英国前首相、保守党领袖。1925年10月13日生于英格兰肯特郡的格兰瑟姆。先后获牛津大学理学士、文科硕士学位。1959年当选保守党下议院议员。1961—1964年任保守党政府年金与国民保险部政务次官。1965—1969年先后任保守党要职。1970年保守党再度执政，任教育和科学大臣。1975年当选保守党领袖。1979年出任英国首相。1983年6月、1987年6月两次连任。她不仅是英国历史上第一位女首相，也是20世纪内执政时间最长的政府首脑。1990年11月，因政策分歧失去内阁支持，22日宣布退出保守党领袖竞选，并辞去首相职务。次年4月正式离职。曾4次访问中国，1984年在北京代表英国政府与中国政府签署了《关于香港问题的联合声明》。

　　撒切尔夫人虽然在政坛上持强硬态度，以"铁女人"著称，但在家庭中，她却是个充满爱心的母亲。她把家庭视作避风港，尽可能多地抽时间与儿女们在一起。

她是一位很严肃、感情从不外露的人，对孩子也是一本正经。她的孩子没有小名，她叫他们"亲爱的"，而不叫"宝贝"。她在与孩子玩耍时也十分注意言传身教，而不仅仅是为了取乐。撒切尔夫人说："我并不十分苛求孩子，对他们的教育严到中等程度就行了，要教育孩子懂得是非，当然也得有些纪律，但是不要为了纪律而纪律，要说明道理。孩子会没完没了地问个明白，你要始终十分耐心地说明道理，答复他们的问题。有些父母对自己的孩子说得不够，这是教育孩子的重要问题之一。我很幸运，有人帮忙照料孩子，他告诉我同孩子谈话有多么重要。让他们洗澡时，你得不停地同他们闲聊。当然，做母亲的经常很忙，压力很大，但也要设法挤时间，把事情说清楚。问题不在于你在他们身上花了多少时间，而是在这些时间里你对他们关心得如何。"

撒切尔夫人是位非常负责的母亲，在孩子们住校后，只要学校允许父母探视，她和丈夫一定去看望孩子。她常带孩子们领略一些新鲜的事物，如参观艺术画廊或去看戏剧。

儿子马克是她的掌上明珠，她非常疼爱他，很少责备他。然而，有段时间马克成了个令人讨厌的孩子，他总喜欢模仿父亲的言行，有时拿起电话高声嚷道："我是撒切尔！"撒切尔夫人认为即使是大人，在自己家中这样接电话也是不礼貌的，而孩子这样说话就更不能容忍了。在她的教育下，马克终于改正了这种不良行为。

出任首相后，家庭仍是她生活中的一个核心部分。她喜欢家里人在她身边，如果一连几个星期没有儿女们的消息，她就会打电话问候他们。他们一家人聚在一起的时候，很少谈论政治。她需要有一个"避风港"，全家人也都尊重她这一需要。撒切尔夫人的事业成功，家庭生活也很快乐。关于家庭，她曾这样说："家庭非常重要，太重要了！快乐的家庭生活使你大不一样。俗话说'血浓于水'，亲人总比外人强，这种关系是相互的。一人有难，你总在他身边；反之不论你处境如何，他们都会总在你身边。别人批评你，你可能受不了，但同样的批评如果来自家里人，你就能够接受了。家是你的立身之本，家是你最后的归宿。一旦有了孩子，就意味着有生以来你第一次要为他活着。从某种意义上讲，这是空前的变化。孩子们的遭遇如何，比对你自己还要关心得多……"

尽管撒切尔夫人把百分之九十以上的精力投入到了政治事业中，但在家中她亦尽到了一个好母亲的责任。

德国人卡尔威特的一个孩子，在不满14岁时就被授予哲学博士学位。他教育孩子的经验是：

1. 不浪费孩子的智力。当孩子咿呀学语时，就教他正确的语言，而不要把小猫说成"猫咪"。

2. 从小培养孩子的思维能力。经常提出问题，让孩子独立思考解答。

3. 锻炼孩子的记忆力。给孩子讲完故事后，要让孩子自己组织语言，进行复述。

4. 培养提高孩子的观察能力。有时父母故意做一些违反常规的小事，让孩子来纠正。

5. 开阔孩子的视野。经常带孩子参加一些社会活动，让孩子接受新事物，增长见识。

6. 培养孩子多方面的兴趣。

7. 激发鼓励孩子的学习热情。父母应做到有问必答，有求必应，决不敷衍。

8. 从小对孩子严格要求，使孩子养成良好的道德品质和生活习惯。

# 品行的力量

英迪拉·甘地是印度政坛上叱咤一时的传奇人物，同时也是印度近代最为著名及存有争论的政治人物之一。她一方面为印度在冷战时期的发展做出了不少的贡献，但另一方面亦因政治管理上的方针而令其政绩蒙上阴影。因其领导印度的16年间的政治方针相当硬朗、立场坚定，故后人亦称其为"印度铁娘子"。英迪拉在遇刺前不久曾说："我一生都用来为人民服务。即使我死了，我相信我的每一滴血都会用来哺育印度，让她变得更加强大。"随着时日的变迁，不少印度人民都十分怀念这位硬朗的"印度铁娘子"，甚至有人称她为"印度国母"。

从小铸就钢铁意志的英迪拉·甘地于1917年11月19日生于阿拉哈巴德，她的家族属于印度四大种姓的最高级——婆罗门。父亲潘迪特·贾瓦哈拉尔·尼赫鲁是位争取民族独立的斗士，在印度国人心目中，他的地位绝不逊于圣雄甘地。英迪拉刚刚降生，她的祖父就曾说过"我们这个女孩可能胜过一千个男孩呢"。为了对自己的国家表示尊敬，家里人给她取了"英迪拉"这个名

71

字，印度语的意思为"月亮王国"。

两岁时，小英迪拉与印度国父圣雄甘地相识，8岁时，接受他的建议在阿拉哈巴德组织了儿童发展家庭纺织协会。1947年8月15日印度独立后，英迪拉·甘地开始担任父亲尼赫鲁总理的私人秘书。1964年尼赫鲁去世以后，英迪拉参加大选并于1966年登上了权力的顶峰，成为印度历史上第一位女总理，并于1971年、1980年再次出任总理。1983年主持第七届不结盟国家首脑会议，任不结盟运动主席。1984年10月31日遇刺身亡。

作为印度前总理，甘地夫人对印度有出色的贡献；作为母亲，她亦是孩子心目中的好妈妈。甘地夫人说："对于一个女人来说，做母亲是个最崇高的天职。她把一个新的生命带进这个世界，看着他成长，梦想他有伟大的前程。这真是令人陶醉的体验，使人感到新奇和兴奋。"

虽然工作繁忙，但她仍要挤出足够的时间和孩子们在一起，好好爱孩子。她认为，对一个母亲来说，应该经常把孩子放在首位，因为孩子对母亲有着特殊的依赖。所以，不管她怎么忙，怎么累，都会抽出一些时间和她的孩子一块儿玩乐、学习。甘地夫人认为，对孩子最好的教育是以身作则。孩子们对谎言或虚伪非常敏感，极易察觉。如果他们尊重你、依赖你，他们就是在很小的时候也会同你合作。

在大儿子3岁时，他们搬了家。孩子对新居有些不适应，总是大吵大闹。甘地夫人就对他说："花园里的喷泉很美，你想哭的时候就到喷泉那儿去哭。"因此，每逢孩子流泪时，她就轻声地提醒一声"喷泉"，很快，孩子就不哭了。在花园里有许多东西能吸引他的注意力，他会很快忘记一切烦恼。孩子们上学寄宿在学校时，她只能在假日里与孩子们在一起。在与孩子们分开的日子里，她坚持每星期写一封信，有时会更多一些，因为她心里一直惦念、关心着孩子们。

作为家长，甘地夫人认为必须要帮助孩子发展自我克制的能力，加强对他们品行的培养。真正的爱并不是迁就孩子，让他们随心所欲，而是要随时约束和教育他们。在她的孩子拉吉夫长到12岁时，因病要做一次手术。医生想告诉他手术并不痛苦。可甘地夫人认为，孩子已经懂事了，那样反而不好。于是她告诉拉吉夫，手术后有几天会相当痛苦，可是谁也不能替代他，因此他必须有精神上的准备，哭泣或叫苦都不能减轻痛苦，也许还会引起头痛。手术后，拉吉夫没有哭，也没有叫苦，表现得很坚强。

甘地夫人懂得做父母的目标，就是为子女取得成就和生活保障提供坚实的基础，而这绝不是眼下努力为他们安排一个舒适的工作所能做到的。

不管时代怎么变化，我们的祖先和后代在生活中都需要快乐和勇气，都需要与人们和睦相处，都需要保持有助于他们成长、成熟和进步的永恒的价值观。

## 品行一：快乐品行，感到人生的乐趣

正如缺少快乐让很多人在痛苦中毁灭自己一样，拥有快乐，使许多破碎的心得以继续跳动。当然，快乐不是人生最重要的目标，而且人生也不可能时时拥有快乐，但是养成自寻快乐的习惯和能力是至关重要的。快乐的体验有助于培养孩子大方和开朗的个性，回忆往昔的快乐会使人感到人生的乐趣。

## 品行二：爱心品行，成为他的处世准则

在讲求竞争和效率的社会里，教会孩子保持爱心是非常重要的。因为当下时代的风气容易让人感到爱就像风一样，倏忽而来，倏忽而去，这种风气对孩子的成长极其不利，因为他们需要像每天的日出一样可靠的持续的爱。任何时代的孩子都需要在充满爱的环境中成长，这一点毋庸置疑。

一个孩子不仅需要爱，更要学会做一个仁慈的爱别人的人，让爱成为他的处世准则。爱也许可以得而复失，而一个仁慈的人就像每天升起的太阳那样永远不会失去温暖。困难在于，孩子并非天生就懂得怎样做一个爱别人的人。一个小孩子可以对妈妈说："我爱你，妈妈。"但过一会儿因为某个小愿望得不到满足可能就会说："我恨你。"怎样才能引导孩子把刚刚萌发的爱心巩固为成熟的、永久的价值观呢？过多的言语教育可能是苍白无力的，有效的做法是：给他们永不枯竭的爱。孩子的头脑不像父母想象的那么简单，效仿父母是他们的本能，当他们体会到爱的温暖就会记住它，并把爱的氛围扩展到其他领域。

## 品行三：诚实品行，未来生活的立身之本

引导孩子做一个诚实的人，等于教会他掌握未来生活的立身之本。不管时代如何变化，都不能改变人们对诚实正直的需要。当然，在当下一些人随意践踏诚信的情况下，教育孩子成为诚实的人是相当困难的，甚至诚实可能让孩子在人际交往中感到自己很"傻"，很"吃亏"。但大部分情况不是这样，言行一致、不撒谎、不虚假的人，最终会赢得人们的信赖和尊敬。

教育孩子诚实，身教胜于言教。有一个孩子，受到老师的错怪，他站起来严肃地说："我们家的人从不撒谎。"老师和同学顿时对他肃然起敬。您不想让自己的孩子享有这份自豪吗？

诚实也意味着做错了事能够坦然接受批评。一个孩子在书店里发现了一本漂亮的书，但他没有钱，就偷了出来。父亲发现后，不仅严肃批评了他，而且坚决不同意仅仅把书送回去了事，而是带着他向书店管理员道歉，并接受书价5倍的罚款。书店管理员原谅了孩子，对父亲的做法大加赞赏。父亲要告诉孩子的是：不诚实，是要付出代价的。相信那个偷书的孩子会终生记住这件事，他会明白这样一个道理：即使做错了事，只要光明磊落地接受批评，一样是诚实的表现。

## 品行四：勇气品行，最受尊敬和爱戴

有哪个时代的孩子不需要勇气呢？勇敢的人总是最受尊敬和爱戴的。"蝙蝠侠"是当下孩子心目中的英雄，在扶危济困、勇敢正义方面，跟古代的梁山好汉有何不同呢？看来，任何时代都需要勇气，都崇尚勇敢的人，问题是如何从小培养孩子的勇气。

要培养孩子的勇气，最好的办法就是让他经历痛苦。因为如果不让孩子接触到不幸和痛苦，那也就意味着不让他接触到生活本身。当他遇到伤心事时，应该简单地告诉他："生活就是这样。"你可以安慰他，让他知道你理解他的心情，但是不要制止他的哭泣，要允许他表达自己的情感。等他安静下来，再进行解释和开导。可以说："让我们看看你能从中学到点什么，看看怎样做才能更好。"要告诉他一个人必须勇敢地面对现实，欢乐也好，痛苦也好，都对他们的成长有好处。最后，为了使孩子适应未来生活中可能发生的不幸和痛苦，应该引导他去同情那些受苦的人们。不少人在发现有人比自己更不幸、更需要自己的理解和帮助的时候，就把自己的伤心事置之度外，成为勇敢的强者。

## 品行五：理想品行，人生变得更加明朗

任何时代的孩子都有自己的理想，无论是想成为一名邮递员还是一名将军，他们都希望自己将来从事一项有意思的工作，或者成为一个伟大的有贡献的人。只要父母耐心地、津津有味地倾听孩子们诉说，无论他们的想法是多么幼稚、多么疯狂，父母都会发现他们同自己小时候的愿望简直如出一辙。

心存理想是很重要的，没有理想怎么会有奋斗的动力呢？父母应该鼓励孩子们畅想未来，向他们敞开书籍、音乐和科技的大门，因为那里是理想和幻想的存身之地。此外，父母要向孩子传授坚信理想的信念，有了信念，在孩子眼里，人生就会变得更加明朗，仿佛在黑暗的森林里发现一条光明之路。

快乐、爱、诚实、勇气和理想，或许还有更多，但内涵莫出其外，都是不随时代更迭而改变的优秀品行。这些品行将铸成孩子们未来的人格。

# 解决问题的力量

夏洛蒂·勃朗特，19世纪英国著名的女作家，1816年4月21日出生在约克郡的索顿一个穷牧师的家庭。曾就读于寄宿学校（后来夏洛蒂在《简·爱》中将它描述为罗伍德学校）。当过家庭教师。写有长篇小说《简·爱》，塑造了一个富有自尊、自信的女性形象，表达了妇女对自由平等的渴望；长篇小说《雪莉》以19世纪初英国捣毁机器的工人运动为题材，描写工厂主对工人的残酷剥削，揭露资本主义罪恶。其他作品有长篇小说《教师》、《维莱特》等。

一天，勃朗特要和孩子们去婆婆家，她花了两个小时装饰了一块蛋糕，然后把它放在铺着洁白装饰纸的蛋糕座上。女儿安娜想给她的朋友看看这块蛋糕，于是她拿起盘子飞快地从一个灶台转向另一个灶台，结果那块精心装饰的蛋糕掉在了地上，奶油四溅，毫无修补的余地。

看到这种情景，勃朗特不得不转移一下自己的注意力，做了一个深呼吸，然后意识到大发雷霆也于事无补，尖声怒喊只能伤害安娜的自尊，蛋糕并不能原原本本地回到盘子上。她只是拉着女儿说："安娜，你惹了个不小的麻烦。""妈妈，我本想努力接住它。""你想努力接住它，你的朋友也想努力接住它，这都没有用，现在奶油已经毁了，问题是我们必须给奶奶带一块蛋糕，我知道你能处理这个问题。"

安娜看看蛋糕，又看看母亲，说："我想我能补救这块蛋糕。"然后，勃朗特和女儿一起把蛋糕翻过来。做早饭时掉在地上的烤面包屑还没有清扫，现在嵌进了奶油里。不用说，所有的奶油都得刮掉，重新放奶油。

勃朗特走到另一间屋子，她相信女儿能够处理好。她确实处理好了，而且整个过程充满乐趣，因为她被赋予了解决问题的权利。

培养孩子，是一门一生的学问，让我们看看国外父母的一些教育孩子的点滴。

## 倾听梦想

当孩子们的志向与您对他们未来的设计相左时，请多鼓励子女的梦想，无论在您看来这类梦想何等奇特，因为这种幻想同样需要足够的勇气。

## 提供机会

能力需要靠训练来增强，需要机会去磨练。让子女参加运动队、童子军、课外活动小组和其他社区组织，他们将获得待人处世的经验。

## 充分鼓励

孩子微不足道的成功都是值得您称赞的，这不是意味着用虚假的话哄骗孩子，也不是说您永远不能批评孩子，批评应该跟赞扬教育结合在一起。

## 多问"假如"

"可能性思维"是处世能力的一个标志，那种对一个难题认真研究并向别人演示如何解决它的孩子多问："假如我这样做了，会怎么样？"

## 勇于表现

请鼓励孩子在幼儿园或学校里多发言，在别人面前毫无羞怯地表现自己是一个最重要的技能。

## 盯住成功

请说服您的子女多想成功而不去想障碍，自信会成功的人就能获得成功。

## 允许探险

孩子乐于钦佩和追随那些愿意冒险和能应付挑战的人。可是我们的家长，就怕孩子磕着、烫着、摔着，如此谨慎入微，难得孩子有冒险精神。

## 学会 "3R"

Respect（尊重）、Resourcefulness（机智）、Responsibility（责任心）被认为是父母必须在孩子身上开发的三种基本特性，成功的桂冠总落在这种人头上。他们努力照习惯去理解和容忍，他们屡次在挫折面前另辟蹊径，他们勇敢面对自己行动产生的后果。

# 激励的力量

海明威，美国记者、作家以及20世纪最著名的小说家之一。1899年7月21日出生于美国依利诺伊州芝加哥市郊区的奥克帕克，晚年在爱达荷州凯彻姆的家中自杀身亡。海明威的一生感情错综复杂，先后结过4次婚，是美国"迷失的一代"作家中的代表人物，作品中对人生、世界、社会都表现出了迷茫和彷徨。

1921年海明威侨居巴黎，开始写作。早期作品有《在我们的时代里》、《没有女人的男人》等短篇小说集。后陆续写出长篇小说《太阳照样升起》、《永别了，武器》。前者反映大战后知识分子对资本主义社会制度的绝望心情，后者描写一个美国军官在第一次世界大战中的遭遇。1937年以记者身份赴西班牙，支持西班牙人民的反法西斯斗争。后发表剧本《第五纵队》、《西班牙的土地》和小说《丧钟为谁而鸣》（又译作《战地钟声》）。1950年创作的中篇小说《渡河入林》，流露悲观失望情绪。1952年发表小说《老人与海》，描写一个老渔夫与鲨鱼搏斗的故事。

海明威一生之中获奖无数：第一次世界大战期间被授予银制

勇敢勋章；1953年，以《老人与海》获得普利策奖，1954年又因此部作品获得诺贝尔文学奖。海明威辞世之后，美国现代图书馆在2001年所评出的"20世纪中的100部最佳英文小说"中，他的两部作品《太阳照样升起》与《永别了，武器》名列其中。海明威的写作风格以简洁著称，对美国文学及20世纪文学的发展有极为深远的影响；他的很多作品现在仍旧是极具权威性的著作。

作为一名著名作家，海明威深知成功的不易，并把这种理念深入到了对孩子的教育中。

海明威的小儿子格雷戈里考大学选择专业时，海明威对他说："你干什么都可以，只要你对你干的事情感兴趣，只要你觉得这件事情值得去做，能够做出成绩来。甭管别人怎么说。哪怕你去观察鸟类的生态毫无收获，我也会支持你的！你究竟想干什么，好好想过没有？"

格雷戈里的理想很多，他的学习成绩优秀，但他很矛盾，他想学法律却讨厌律师，想学医却又感到医学太沉闷太呆板。他真正想当的是"海明威式的英雄"，他觉得作家的生活是迷人的。他认为自己具有写作才能。他问父亲："爸爸，你小时候什么书对你影响最大？"海明威听到儿子的问题非常高兴，便给儿子开了一份书单，向儿子介绍世界名著。他对儿子说，读的时候要注意看作者是怎么写人物的内心的，情节是怎样组织的……但不要去分析，只是悠悠闲闲地去读，并对他说："作家的劳动是一种艰苦的行为，成功要靠自己去争取。"

经过一段时间的学习，格雷戈里用父亲的打字机写出了一篇故事，海明威看后十分惊喜。他称赞儿子说："非常好，比我在你这个年纪写得好多了。我看要改的只有这个地方——"他指的是一只鸟从巢里掉下来之后，出乎意料，"突然之间它发现自己可以飞了"。他对儿子说，你把"突然之间"改成"突然"，用字越少越好。

格雷戈里好久没有见到爸爸这样笑了。爸爸笑着说："你可以得奖了，孩子。写作需要钻研，需要训练，需要想象力。从这篇小说看来，你有想象力。写作主要靠运气，天赐的才能像是一百万人里面中了一张彩票，如果你天生没有才能，那么你再钻研、再训练都不管用。要紧的是我现在可以教你，因为你有这本事。我愿意帮你，让我们喝一杯酒庆祝一下！"

听了爸爸的话，格雷戈里突然感到心慌意乱，他回到房间找屠格涅夫的原著，发现原著里写的确实是"突然"，而"之间"这两个字是自己在抄袭时不小心加上去的。

格雷戈里的心里突然明白了什么。后来，他经过认真思考放弃了当作家的念头，转而去学医。


当你看到两岁的孩子孜孜不倦地把勺子杵到鼻子上时，你忍不住去喂他，当你看到4岁的女儿屡败屡战满头大汗仍然搭不好那套积木城堡时，你总是心疼地帮她搭好积木。但是，你知道吗？你的这种好心反而剥夺了孩子自己解决问题的机会。

每个年龄段的孩子都有自己解决问题的能力，而且这种能力往往是超过我们想象的。上述问题中，你如果不直接替孩子解决问题，他们最终多半会自己找到答案的。一次不成功，两次三次后总会成功。这就是专家所提到的：一个人能否成功的解决问题，除了要依靠他们的智商，更是靠他们以往的经验。这种经验可以说是一种情商。

家长们要做的是给孩子足够的机会和适当的激励。培养解决问题的能力是孩子成长过程中不可或缺的内容。

# 天赋的力量

　　作为我国著名的文学翻译家、文艺评论家。傅雷先生一生译著恢宏，译文以传神为特色，更兼行文流畅，用字丰富，工于色彩变化。作为翻译家，他向国人译介的罗曼·罗兰的《约翰·克利斯朵夫》曾深深影响了不止一代人；作为文学评论家，他对张爱玲小说的精湛点评，为学界做出了文本批评深入浅出的典范；作为音乐鉴赏家，他写下了优美的对贝多芬、莫扎特和肖邦的赏析。

　　1908年傅雷出生于上海市南汇县（现南汇区）。20世纪20年代初曾在上海天主教创办的徐汇公学读书，因反迷信反宗教，言论激烈被学校开除。五卅运动时，他参加在街头的讲演游行。北伐战争时他又参加大同大学附中学潮，在国民党的威胁和恐吓之下，被寡母强迫避离乡下。1927年冬离沪赴法留学，专攻美术理论和艺术评论。1931年秋回国后，即致力于法国文学的翻译与介绍工作。

　　傅雷翻译的作品共30余种，主要为法国文学作品。包括巴尔扎克、罗曼·罗兰、伏尔泰、梅里美、莫罗阿等人的作品。此外，还译有苏卜、杜哈曼、丹纳、罗素等人的作品。20世纪60年代初，傅雷因在翻译巴尔扎克作品方面的卓越贡献，被法国巴尔扎克研究会吸收为会员。著有《贝多芬的作品及其精神》、《傅雷家书》等作品。有《傅雷译文集》行世。

傅雷对孩子的教育有自己独到的见解。他虽十分疼爱儿子，但绝不溺爱娇纵。他把做人的教育寓于立身行事、待人接物的家庭生活中，把做人的教育贯穿在孩子能接触到的、易于理解的日常生活中，逐步提高孩子辨别是非的能力，加深孩子道德情感的体验，培养他们良好的行为习惯。比如对穿衣、吃饭、站立、行动、说话等生活小事，傅雷都提出了严格的要求。进餐时要求他们坐得端正，吃饭时不可以发出失礼的咀嚼声等。

傅雷认为，每一个人都有自己的天赋，父母要善于发现孩子的天赋，并进行正确引导，如果逆天赋而行，那是无法取得成功的。因此，他十分注重发掘孩子的兴趣。最初，傅雷曾让傅聪学习美术，谁知傅聪不是绘画的料，他在学画时心不在焉，那些习作几乎都是鬼画桃符，乱笔涂鸦，丝毫没有显露出预期的那种美术天赋。而与此同时，傅聪的一些细微爱好则引起了傅雷的注意。他发现儿子钟情于家里的那架手摇留声机，每当留声机在放音乐唱片时，儿子总是一动不动地依靠在它旁边静静地听，而每当此时小男孩那固有的调皮好动的天性立即一扫而光。于是傅雷果断地让傅聪放弃学画而改学钢琴。傅聪的每一个细胞好像都是为音乐而存在的，他学琴仅几个月，就能背对钢琴听出每个琴键的绝对音高，启蒙老师雷垣教授认为傅聪"有一对音乐的耳朵"。傅雷最终认定，自己确实发现了傅聪的音乐天赋。

　　虽然傅聪有着音乐的天赋，但在发展他的天赋的培养中，傅雷亦未有丝毫放松。傅聪每天放学回家，除了做功课还要练习弹钢琴。在规定的弹琴时间里，傅聪没有任何的活动自由，傅雷在楼上工作，傅聪在楼下弹琴，一听楼下琴声停止了，傅雷就用准备好的木棍敲击地板，有时还免不了痛打傅聪一顿。

　　傅雷一生博览群书，在古今中外的文学、绘画、音乐等各个领域都有着极渊博的知识，因此对两个儿子的教育培养也要求极高。傅敏曾回忆说，刚进入初中，父亲就要求他读《古文观止》。他还每星期天选择其中一篇详细讲解，孩子读懂后便要背诵。

　　一次，傅敏由于忙于球赛而未能背出《岳阳楼记》。垂着头，心中忐忑不安，等着父亲批评。平时对儿子要求极严的傅雷这回没有发脾气，使劲吸着烟，半晌才缓缓地说："过去，私塾先生要学生背书，子曰、诗云，即使不懂，也要鹦鹉学舌地跟着念和背。诚然，死记硬背不宜提倡。然而平心而论，似也有其道理。七八岁的孩子，记忆力正强，与其乱记些无甚大用的顺口溜，不如多背些古诗古文。中国的好诗文多得很。一首首一篇篇地储存在脑子里。日子长了，印象极深。待长大些，再细细咀嚼、体味，便悟出了其中意义。这叫作反刍。若到了二三十岁，甚至更晚才开始背，怕也难记了。'少壮不努力，老大徒伤悲'，这都是经验之谈呐!……"望着已经知错的儿子，傅雷翻开《岳阳楼记》这一篇，让儿子高声朗读，然后意味深长地说："范仲淹先生登岳阳楼，将览物之情归纳为悲喜二意，指出古之仁人忧多而乐少。然后说明自己之忧乐俱在天下，正见他确实不以物喜、不以己悲之真意。还记得陈子昂的《登幽州台歌》吗?""记得'前不见古人，后不见来者，念天地之悠悠，独怆然而涕下'。"傅雷点点头："那么你想想看，为什么同样登高望远，同样登岳阳楼，听见之景是一样的，而他的想法与别人不同？他能写出'先天下之忧而忧，后天下之乐而乐'的抱负，和他的经历、思想有什么联系？全文是怎样一层层展示它的中心的？……"

望着父亲眼镜片后那慈祥、智慧的目光，傅敏重重地点点头。二十多年后傅敏回忆起来，耳边似还响起父亲那熟悉的声音："做学问需要切切实实地下工夫，不能自欺欺人啊！"

傅雷立身处世的原则就是要做一个"高尚的人"。他也用这一原则教育着儿子。他时时嘱咐儿子，要永远记住这四句话："第一，做人；第二，做艺术家；第三，做音乐家；最后才是钢琴家。"作为一名严慈的父亲，傅雷为国人培养出了第一位获得国际声誉的钢琴家——傅聪。他写给儿子傅聪、傅敏的家书集——《傅雷家书》更是脍炙人口，从八十年代至今，这部家书已感动了数百万国内读者。在傅雷的教子经历中，有太多值得后人学习的地方。

人的天赋素质虽然不能人为地培养和造就，但可以去发掘。发掘人的天赋素质，有如下四种情况：

第一，父母在日常生活中，偶然发现了儿女的天赋领域。

第二，教师在教学过程中，偶然发现了学生的天赋领域。

第三，某人的天赋被自己偶然发现。

第四，在一次特发事件中，某人的天赋突然脱颖而出。

莫扎特3岁弹钢琴，4岁创作协奏曲，5岁拉小提琴，7岁时创作的两首钢琴奏鸣曲已在萨尔茨堡出版了。有一天下午4时许，当

4岁的莫扎特坐在地板上专心致志地用鹅毛笔在五线谱上涂写时，正赶上担任萨尔茨堡宫廷副指挥兼作曲家的父亲利奥波德进门，他一看见儿子就问："孩子，你在干什么？""爸爸，我在作曲！""好了吗？""快好了。"当利奥波德看到那份似乎是胡乱涂鸦的五线谱时，神情从严肃变得越来越惊讶了。最后，他热泪盈眶地自言自语："天呐，这孩子不仅会作曲，而且写得那么难，那么地道！"

利奥波德知道，在偏僻闭塞的萨尔茨堡小城市里，音乐是不可能搞出名堂的。为此，为了进一步发掘儿子的音乐天赋，当莫扎特5岁时，利奥波德做出了重要决定：辞掉萨尔茨堡宫廷的一切音乐职务，带着儿子莫扎特到世界音乐之都维也纳去深造。

在音乐大师海顿的启蒙调教下，莫扎特的音乐天赋瞬间变得心开目明、颖悟绝伦：无论是创作协奏曲、四重奏、歌曲、小夜曲、奏鸣曲、弥撒曲、歌剧还是交响曲，天赋使莫扎特对创作各种题材、各种技巧、各种艺术、各种内涵和各种风格的音乐得心应手、如鱼得水、易如反掌。当时，莫扎特还用8个星期的时间创作了3部传世的交响曲：《降E大调交响曲》、《G小调交响曲》、《米疵特交响曲》。音乐天赋使莫扎特在世界乐坛上彪炳千秋，流芳万古。

梵高的绘画天赋却是由他自己发掘出来的。他没有莫扎特那样的父亲，没有到任何美术院校深造过，也没有经高人的启蒙调教指点迷津。但清苦、求索、刚毅、淡泊、悟性和善于创意，造就了他丰满的情怀和闪烁的灵感，他创作的《向日葵》、《蝴蝶花》、《布歇医生》等世界名画，可谓鬼斧神工，石破天惊。

天赋使天赋者似乎具有一种神功妙力。泰戈尔7岁时，就能在20分钟内创做出田园牧歌式的诗章。通常讲，在音乐、绘画、舞蹈、诗歌、影视和外语等领域，人的天赋在5岁时端倪渐显；数学、物理、化学、电脑和博物学等领域，人的天赋要在16岁时才能脱颖而出；而在天文、哲学、美学、历史、法律、医学，心理学、科学和企业经营管理等领域，人的天赋要等到在30岁时才能妙绝时人。

每个孩子在各自的领域里都潜藏着不尽相同的天赋，惟一的问题是父母应如何在日常生活中去发掘他们的天赋？父母应该首先心怀义务感、使命感和责任感，其次要多领域多层次全方位地去试探、观察和发掘孩子的天赋。具体说：可先在文学、历史和哲学上试试；如没兴趣，可在数学、物理和化学方面试试；如少激情，可在音乐、绘画和舞蹈方面试试；如缺冲动，还可在游泳、影视和电脑方面再试试看。

这样不断地尝试、不断地观察、不断地发掘，周而复始、久而久之，孩子的某种天赋领域总能被发掘到。一旦孩子在某种领域能够做到举一反三、教一识百、融会贯通、匠心独运之时，就说明已经发掘到属于他自己的天赋领域了。孩子的天赋被找到后若能够得到家长的培养与关注，其崛起为天才的时候也就不远了。

# 自由的力量

毕加索，当代西方最有创造性和影响最深远的艺术家，他和他的画在世界艺术史上占据了不朽的地位。毕加索是位多产画家，据统计，他的作品总计约多达6万到8万件。毕加索的一生辉煌之至，是有史以来第一个活着亲眼看到自己的作品被收藏进卢浮宫的画家。在1999年12月法国一家报纸进行的一次民意调查中，他以40%的高票当选为20世纪最伟大的10位画家之首。

毕加索1881年10月25日出生于西班牙马拉加，自幼有着非凡的艺术才能，后又在美术学院接受过比较严格的绘画训练，具有坚实的造型能力。毕加索一生中画法和风格迭变，每两三年他都要用一些绘画上的创造发明把批评家们难住。印象派、后期印象派、野兽的艺术手法都被他汲取改为自己的风格。他的才能在于，在各种变异风格中始终保持自己粗犷刚劲的个性，在各种手法的运用中都能达到内部的统一与和谐。他的作品不论是陶瓷、版画、雕刻都如童稚般的充满梦幻。在他一生中，从来没有特定的老师，也没有特定的子弟，但凡是在20世纪活跃的画家，没有一个人能将毕加索打开的前进道路完全迂回而进。他说过："当我们以忘我的精神去工作时，有时我们所人做的事会自动地倾向我们。不必过分烦恼各种事情，因为它会必然或偶然地来到你身边，我想死也会相同吧！"

风格独创且缤纷多变的现代艺术魔术师毕加索，以他绚烂的彩笔创做出一幅幅影响深远的巨作，成为整个20世纪最具有影响力的现代派画家，对现代西方艺术流派有着很大的影响。

作为20世纪西方伟大的艺术家，毕加索并没有让后代等着继承他的大批财富，坐享清福，而是谆谆教导孩子努力成才，走自己的路，创造有价值的人生。

他有一个女儿，从小聪明活泼，深得毕加索的宠爱。毕加索的女儿每天都围在爸爸左右，毕加索作画，她跟着涂涂画画。老画家工作累了，就顺手把女儿搂在怀中，或置于膝上逗她玩、笑，听她唱歌。

毕加索常常外出赴宴，和朋友们聚会闲谈，或邀请他们来家作客，或参观各种美术作品展览。每逢这种场合，他都把女儿带在身边，希望能用自己的言行影响女儿，让孩子从小接触艺术界人士，以便启迪才智，开阔视野。在这些活动中，女儿感到父亲到处受人尊敬，自己也很荣耀，便暗暗下决心，继承父业，将来也成为一个大画家。

但是在女儿14岁那年，她突然感到疲劳和不耐烦，对绘画产生了反感，但又怕父亲责怪。因此，常常背着父母痛苦地流泪哭泣。毕加索知道后，不但没责怪女儿，反而安慰说："一个人一生的道路，应该由他自己去摸索，可能我限制了你的自由，你不愿意学画，还可以再去学、做你认为是愉快的事情，何必非要像我一样呢？"听了父亲的话，她如释重负，心情逐渐平静下来，又开始了学画。毕加索再次耐心地教她绘画，做一些粘贴画等。女儿在父亲的画室里作画就像置身于艺术海洋里，心情欢畅、愉快。

后来，女儿大学毕业后，选择了学习珠宝设计，又先后到巴黎、意大利、西班牙等国去学习服饰设计，她把自己的精力全部用在工作上，很快取得了显著成绩，成了名家。

父母管教子女往往有两种心理状态：一是把子女看成私有财产，对子女具有绝对权威；二是父母将子女看成自我理想的再现，希望子女能实现自己想实现但没有实现的理想。因此，父母的理想是把自己的生活经验灌输给孩子，企图让孩子按父母的设想去生活。

父母要管教，子女要独立。于是矛盾必然产生，反抗行为在所难免。反抗形式多种多样，有的不与父母交谈，有的与父母阳奉阴违，有的离家出走，甚至走上犯罪道路。

为此，家长只满足于表面上了解孩子是不够的，家长必须学点心理学知识，尤其是关心少年儿童的心理学。只有这样，才能更深入地了解孩子、理解孩子，积极地教育孩子。

如何对待孩子的逆反心理呢？家长应从以下3个方面着手：

## 应了解逆反心理产生的原因

逆反心理产生的原因有3种：

一是好奇心，例如，一些不健康的文艺作品，越是受批评，人们越是想看，想方设法要弄到手，一睹为快。这些都是由于好奇心的缘故。

二是对立情绪，任凭你"苦口婆心"，千言万语，他却无动于衷，认为你是虚情假意，吹毛求疵。

三是心理上的需要，孩子对于越是得不到的东西，越想得到；越是不能接触的东西，越想接触；越是不让知道的事情，越想知道。这是人们心理发展的一般规律，由于孩子理智程度较差，这种欲求也更强烈。

## 应了解"心理断乳"期的实质

"心理断乳"期是孩子从幼稚走向成熟的转折时期。从总体上讲，"心理断乳"期的各种心理现象，反映了少年儿童心理上的进步。从心理上依附于父母，到出现独立意向，这是重大的变化。当父母的要珍视子女的这一时期，正确看待这一时期，采取欢迎的态度。

为此，对于孩子逆反心理的消极面，家长应根据孩子的心理特点循循善诱，进行教育。家长更应看到逆反心理的积极一面，如因逆反心理出现的好奇心是一种渴求认知事物的欲望，是求知的动力。逆反心理往往具有求异和思辨的特点，是孩子智慧的火花，创造的源泉，家长应留心注意，因势利导，促其成才。

## 应善于理解孩子

（1）家长要看到孩子的成长，尊重孩子的自尊心，与他们建立一种亲密的平等的朋友关系，并允许孩子也能参与家庭的管理。

（2）家长要相信孩子有独立处理事情的能力，尽可能支持他们，在其遇到困难、失败时，应鼓励安慰，成功了要立即表扬。

（3）家长要有勇气向孩子请教，有勇气承认自己的过失。子女应理解父母。父母需要受到孩子的尊重，他们大都视子女的幸福为自己的生命。他们的忠告往往是自己生活经验的总结，有一定的参考价值，作为子女应经常向父母谈谈自己的思想和活动内容。当自己的选择与父母的愿望相违背时，要通过商量来解决，要摆出事实来证明自己的选择是正确的。

# 优势的力量

人际学大师卡耐基说："我一生的最大成就之一，是帮助拿破仑·希尔完成他的'成功学'。这比我的财富更重要。他的成功学是一个'经济的哲学'。"

爱迪生曾评价拿破仑·希尔的工作说："我感谢您花了这么长的时间完成'成功学'……这是一个很健全的哲学，追随您学习的人将会得到很大的益处。"

拿破仑·希尔，美国也是世界上最伟大的励志成功大师，他创建的成功哲学和十七项成功原则，以及他永远如火如荼的热情，鼓舞了千百万人，因此他被称为"百万富翁的创造者"。他的影响远远超出了成功学的范畴。一战爆发时，威尔逊总统用他的励志秘诀训练和鼓舞士兵，筹募军费。这使拿破仑·希尔的名字与一个国家的历史有了联系。

1883年10月26日，希尔出生于美国弗吉尼亚的一个贫寒之家，这是一个深情教育孩子去争取成功、激励孩子获得成就的家庭。

18岁时，他正上大学，并为一家杂志社工作，他有幸被派去采访钢铁大王、人际关系学家卡耐基。卡耐基很快发现了希尔身上的创造性，他征询希尔是否愿意从事对美国成功人士的研究工作。"非常愿意"希尔当即回答。卡耐基不愧为一位可敬的导师，他拿出了大量的时间与希尔讨论"成功学"问题，并利用私谊写信给美国政界、工商界、科学界、金融界取得卓越成绩的高层人士，介绍希尔与他们相识。

在以后的20年中，已经获得博士学位的拿破仑·希尔访问了包括福特、罗斯福、洛克菲勒、爱迪生、贝尔等著名人士在内的500多位成功者，并进行了深入的研究。在整整20年后，他完成了划时代意义的8卷本《成功规律》。这部书成为激励千百万人获得财富和权势的教科书，同时希尔也成为美国社会享有盛誉的学者。

1929年经济大崩溃袭击美国后，美国人民陷入到对无法恢复昔日繁荣的深深绝望之中。1933年，罗斯福总统把拿破仑·希尔请进白宫，帮助他主持著名的"炉边谈话"节目，唤醒美国人民沉睡已久的信心与活力。拿破仑·希尔把他的思想、他的激情、他的声音注入每一个美国人的心灵深处。

当他去世时，成功学已传遍美国，并影响到五大洲，人们不分国界、不分地域、不分民族、不分肤色、不分性别、不分年龄、不分学历、不分贫富，都在读他的书，都在从他的书中汲取信心和力量的养分。

受到他的影响，重新站起来，从一贫如洗成为百万富翁，从穷困潦倒走向社会名流，这样的人不计其数。后来的人们为了纪念成功学的先驱者，把卡耐基推为成功学的第一代宗师，拿破仑·希尔为第二代宗师，是他把成功学创建成完整体系，并发扬光大的。

## 拿破仑·希尔致儿子的信

亲爱的孩子：

在上封信中我和你谈论了关于发现自己优势的问题，在这儿，我想再和你谈谈强化自己的优点以及更好地利用它的问题。

有这样一个故事：一位杰出的工程师在一家著名的大公司任职。虽然他的能力在该领域里几乎没有人比得上，但却有着不修边幅、不重视个人外表的缺点。也因此，经理始终认定他是个邋遢的人。但因这位工程师的工作表现极为优异，所以每回外宾来访，都一定会到他的研究室参观。但当来宾一到实验室，工程师邋遢的外表便成了大家注目的焦点。经理因此越来越对此感到难为情，也因为强化缺点的惯性作祟，他开始对工程师施加压力，希望他符合公司仪容整洁的要求。结果，这位工程师很快就被另一家不重视他仪容缺点的大公司重金挖走了。而原来的那家公司，因为经理把注意力偏重在细枝末节、不重要事项的要求上，使得公司为此付出了无可挽回的巨大代价。

在学校的教育上，这样的情况也是相当常见的。好比有个学生数学很棒，但语文能力却一塌糊涂，结果被强化、放大的常是差强人意的语文能力。也因为缺点被强化，不断地被责备，学生自然而然地觉得自己是个失败者，连带地干脆连原本拿手的数学都一并放弃了。在人际的交往上，这样的例子也比比皆是。人们常要求个性内向、不善言辞的人八面玲珑、外向活泼些，要求静不下来的人沉潜内敛些，而忽略了各自所独具的特色与优点。

当人们强调、放大一个人的缺点的时候，失去自我肯定的不安全感，往往使得发展优点的意愿、可能性一并被抹杀。

上例中的经理原本该做的是，让自己适应工程师的不修边幅，并且给予他工作时更大的权限与自由，比如，让他在最有效率的时候工作，让他拥有需要的仪器设备和研究助理，为他买最好的研究期刊和书籍。毕竟，工程师的研究能力才是公司最有价值的优点，经理该做的是强调优点，而不是鸡蛋里挑骨头。如果学生的优点在数学而非语文，老师应该利用他的数学能力来带动其他课程。也因为老师不断地强化他的优点，学生便能因此建立自信心，不仅数学成绩会更好，而且因为有了自信，他会更愿意面对自己的语文问题。

成为无所不能的"通才"是一种理想。但事实上，人的能力常只偏重在某方面的表现上面。实事求是地说，没有一个人在各方面的表现都是完美无缺的，符合"标准"的。如果总拿自己的理想、远见衡量一切事物，那么天底下就没有什么人、事是堪称美好的了。如果不了解这个道理，很容易便会陷入对己、对人都过分苛求的陷阱当中。相反地，当专注在自己与他人的长处上，给自己、他人多一点的信心与鼓励，一定程度地接受、拥抱自己及别人不可避免的缺点，那么，各自成长、发展的空间与可能性反而能够更为宽广。你说是不是这样啊？

任何事物都是一张一弛，此消彼长的。强化自己的优点，最大可能地挖掘自己的潜能，就会使自己做得更好，从而更容易走向成功。

祝你进步！

永远挚爱你的父亲

# 梦想的力量

杰克·韦尔奇，美国著名企业家、经营大师，一个拥有自己独特个性魅力的商界精英，一个在事业中创造了管理神话的商界领袖，一个充满传奇色彩经历的商界奇才。

1935年11月韦尔奇出生于美国马萨诸塞州。1960年，他以优异的成绩毕业于伊利诺斯州立大学，并获得了化学博士学位。毕业后，他进入了通用电气公司塑胶事业部工作。此后，杰克·韦尔奇凭着自己对市场的敏锐感悟和独特的管理方式不断晋升。1981年4月，年仅46岁的杰克·韦尔奇成为通用电气公司历史上最年轻的董事长兼首席执行官。

担任通用公司的董事长以来，杰克·韦尔奇潜心推动公司进行大规模的策略性变革。他主张在公司管理中摒弃官僚主义的做法，充分发掘员工的智慧，将管理程序化繁为简，并且力求不断改变、创新。在他的努力下，1998年，通用电气公司实现了1005亿美元的收入和93亿美元的盈利，居世界第二位，其市场价值也高达2500亿美元。

如今，通用电气公司已有12个事业部在其各自的市场上数一数二，其中9个可以入选《财富》500强企业。杰克·韦尔奇无疑是全美最成功、最具实力的企业家。

比尔·盖茨曾经评价说，杰克·韦尔奇是一个杰出的管理者，无论是在工作还是在生活中，他都独具慧眼，智谋百出，从不宽容，也从不虚伪。

韦尔奇曾经告诫年轻人说，如果你在生活或者工作中只是做一些一成不变的事，那太遗憾了。"放手去试试吧，去冒险吧，去做新的事情吧，去别的国家吧，要有勇气。""年轻是一个巨大的礼物，不要浪费它。"只要我们努力了，除了品味到成功的喜悦和失败的痛苦，我们"真正的收获是过程中的快乐。"

很多父母都希望自己的孩子将来是一个具有领袖气质的人。在美国，许多学校都已经把培养领袖精神写进了他们的培养目标，告诉父母：一个具有领袖气质的人，是个有独立思考能力的、能够带领大家的人。即便某个专业是培养工程师的，您的孩子也会是工程师里的头儿。

一位好的领袖需具有高EQ的条件，要有良好的沟通技巧。因为EQ是解决人际关系的基础，而社会上所有的问题都脱离不了人际关系这个范畴。因此长期有系统的培育EQ，能适时缓解情绪，完美面对冲突与摩擦。

EQ是"情商"的英文简称，又称"情感智力"，因哈佛大学心理学教授、《纽约时报》专栏作家丹尼尔·戈尔曼的《情感智力》一书而风靡全球。它主要指人类了解、控制自我情绪，理解疏导他人情绪，通过情绪的自我调节、控制以提高生存质量和决定人生未来的关键性的品质要素。

情商与智商（IQ）两者互异，但并不冲突，它们之间互相制约联系，共同影响人的一生。心理学的研究提出了如下的公式：

成功100%=IQ20%+EQ80%。即人的一生，20%由智商决定，80%由情商主宰。

那么，优秀的领袖所必备的几点素质是：

1. 稳定的情绪。

2. 有自省能力。

3. 精密思考问题的能力。

4. 有创造性地解决问题。

5. 克服个人困难。

6. 有统筹能力、管理自己的时间。

7. 知己知彼、用人惟才。

8. 和别人分享你的蓝图。

9. 社交能力好，交往广泛。

10. 能鼓励他人。

11. 愿意倾听别人说话。

12. 支持他人的想法。

13. 挑战自己和同伴。

14. 扮演良师益友的角色。

虽然有以上人格气质的人不一定都能成为领袖，因为个人的情况不同，比如许多孩子先天就具备了做一个领导所需的许多个人要素，而一些孩子可能在系统学习后并无多大变化，但可能在某个时候，在哪一个点上，孩子的变化就显现出来了，而这个变化可能影响他的一生。

# 杰克·韦尔奇致儿子的信

亲爱的儿子：

记得你上次和我谈起你的梦想时，我正忙于工作未能抽出时间和你交谈。我很过意不去，现在就和你谈谈吧！

我们先看看这样一个故事：美国奥兰多·朗托斯业务推广公司的朗托斯（pam lontos）曾在她的演说中，仔细描绘了她一路圆梦的过程。

多年前，朗托斯是个肥胖、沮丧的家庭主妇，一天要睡上18个小时。一天，她突然觉得自己已厌倦这样的生活，决心做些改变。她开始聆听一些有关积极思想的录音带。录音带里说，得一天3次对自己重复肯定宣言。她于是一天说上50次。

录音带里说，必须在心里时常想着一个固定的成功形象，她便也全天候照做。她把一个形象健美的明星照片贴在墙上，只是头部切换上自己的照片。她一遍又一遍地在脑海中描绘自己外向、整洁、自信的样子。一段时间之后，她发现图像开始和自己符合了。她不仅减轻20公斤的赘肉，而且自信许多，也开始运动了。

接着，她找到了一份销售员的工作。同样地，她也幻想自己成为顶尖销售员。没多久，她也办到了！而后，她决定转到广播电台做销售，于是她开始幻想自己在某家特定的电台做事。但事实上，电台的经理却一再表示电台里没有缺额也不愿见她。但意志力越来越坚定的朗托斯已不再愿意接受任何的拒绝。她索性在电台经理办公室正对面搭篷露营，直到这位经理肯见她为止。当然，她也得了那份原先不存在的工作。

运用积极思想、正面宣言以及辛勤非凡的努力，朗托斯连续升任到电台的业务经理。一向不怎么出色的电台广告业绩，在她的积极与努力之下，短时间内竟传奇般地整整提升了7倍之多。

不到两年的时间，朗托斯成为迪士尼旗下夏洛克广播公司的副总裁。尔后，她创立了自己的公司。朗托斯的经历教导人们如何在心中描绘成功的景象，确认并实现它。

一般人总是以自我概念来设定目标。自我形象良好的人，往往目标也较为远大。相反地，自我形象差的人，通常一开始便不愿相信自己能够拥有梦想。也正因为如此，如果我们能够借着不断地在脑海中描绘、塑造一个崭新、良好的自我形象，便能一步步地使命运逐渐转向。

所有的成功者，在他们真正完成梦想之前，都已经先运用想象力预见了自己的成功图像。不管他们在开始时多么贫穷，不管他们受正式教育的历程多么短暂，也不管他们结识的人多么稀少，他们都能想象自己能成功。他们自信能够成功，生命就以事实回应他们的梦想，以符合他们的自我形象与对成功所持有的信念。

一个人如果想成功，就必须先有梦想，并时常以肯定、正面的自我宣言，不断地自我教育、自我塑造、自我激励。成功，永远属于那些相信梦想、敢于梦想的人。

儿子，你已经有了自己的梦想，这很好！说明你已经有了目标，祈求成功，这是值得庆贺的。剩下的就是行动，用相信自己的梦想、实现自己的梦想的真实行动，来达成梦想。

暂且谈到这里。

祝你梦想成真！

挚爱你的父亲

## 杰克·韦尔奇的信条

第一，掌握自己的命运，否则将受人掌握。

第二，面对现实，不要生活在过去或幻想之中。

第三，坦诚待人。

第四，不要只是管理，要学会领导。

第五，在被迫改革之前就进行改革。

第六，若无竞争优势，切勿与之竞争。

# 机遇的力量

　　"商界教皇"，"管理领袖中的领袖"，"后现代企业之父"，"经济学家的超级领袖"，"商业最好的朋友和最可怕的梦魇"，这一系列头衔所指向的都是一个人——汤姆·彼得斯，全球最著名的管理学大师。

　　汤姆·彼得斯于1942年出生于美国巴尔的摩。他最初在康奈尔大学学习工程学，并在越南服过兵役。战争结束后，彼得斯又在斯坦福大学取得了工商管理硕士和博士学位。毕业后他加入了麦肯锡顾问公司。但不久，他就离开公司独立工作。

　　汤姆·彼得斯的著作颇丰，而且每一本都是具有世界影响的畅销书。《财富》杂志声称"我们生活在一个汤姆·彼得斯的时代"。这位管理大师每次出书几乎都会在欧美工商业界引发一场强烈的"地震"。他的文笔刻薄犀利，观点常常语惊四座。20多年来，他的书不断被全球诸多大学作为MBA必读教材。《商业周刊》这样评价他："无论你对汤姆·彼得斯的言论喜欢还是嫌恶，他都称得上是继彼得·德鲁克之后最优秀和最具有影响力的管理学天才。"

汤姆·彼得斯最早引起的轰动是1982年他和罗伯特·沃特曼合著的《追求卓越》一书。这本书被称为"美国工商管理圣经"，仅在美国就销售了600万册；在福布斯杂志新近评选出的20本最具影响力的商业图书中排名第一。从这一年开始，管理类图书火爆全球，上演了一出上百万英镑收入的铺张华丽的表演。而同时，管理学大师这一行业也开始发展起来。之后，汤姆·彼得斯又相继推出了《乱中求胜》、《解放管理》、《管理的革命》等企业管理经典之作，均在商业领域引起了巨大的反响。汤姆·彼得斯最引以为自豪的是：他总能在最恰当的时间选择思想和想法。《追求卓越》是成功的，因为它在萧条气氛到处弥漫时为人们带来了好消息；《乱中取胜》在华尔街股市大跌那天出版，并针对这种情况用不确定性许诺了一种方法；《管理的解放》的畅销则源于他抢了后来很多在团队和项目主导组织方面工作的时机。汤姆·彼得斯总能使自己处在潮头的位置。

## 汤姆·彼得斯致儿子的信

我的埃德蒙：

你在信中所谈到的对机会的一些看法，我是赞同的。不过我还是要提醒你不要为抓住机会而去抓机会，因为，机会总是垂青那些有准备的人。你知道吗？从外表看，在每个人的生命中，偶然的机会可能彻底改变一个人的一生。但实际上，所谓的偶然的机会发生，就是一个人充分准备下的一种必然结果。

先讲讲这样一个故事：马克从哈佛大学毕业之后，进入一家企业做财务工作，尽管赚钱很多，但马克很少有成就感，沮丧的情绪经常笼罩着他。马克其实不喜欢枯燥、单调、乏味的财务工作，他真正的兴趣在于投资，做投资基金的经理人。

马克为了排遣自己的沮丧情绪就出去旅行。在飞机上，马克与邻座的一位先生攀谈起来，由于邻座的先生手中正拿着一本有关投资基金方面的书籍，双方很自然地就转入了有关投资的话题。马克觉得特别开心，总算可以痛快地谈论自己感兴趣的投资了，因此他就把自己的观念，以及现在的职业与理想都告诉了这位先生。这位先生静静地听着马克滔滔不绝的谈话，时间过得很快，飞机很快到达了目的地。临分手的时候，这位先生给了马克一张名片，并告诉马克，他欢迎马克随时给他打电话。这位先生从外表各方面来看都是一名普通的中年人，因此马克也没有在意，而是继续自己的旅程。

回到家里，马克整理物品的时候，发现了那张名片。仔细一看，马克大吃一惊，飞机上邻座的先生居然是著名的投资基金管理人！自己居然与著名的投资基金管理人谈了两个小时的话，并留下了良好的印象。马克毫不犹豫，马上提上行李，飞到纽约。一年之后，马克便成为一名投资基金的新秀。

以上的这个故事充分说明了偶然机会中的必然性。马克由于钟爱投资管理，因此与陌生人进行十分专业的谈话，并且谈了两个小时，可见马克具有良好的基础。如果马克不是特别着迷，就不会与陌生人谈如此专业的话题，最多谈一谈天气，或者篮球，然后睡一个觉。这样他永远都不可能获得这个偶然的机会了。

儿子，你一定要相信幸运之神随时可能叩响你的大门，关键在于你是否已经做好了准备。在今天这种社会，什么事情都有可能发生的。机会只给有准备的人。不要浪费你自己宝贵的时间去倾听那些抱怨没有机会的人。审视你自己，如果机会出现，你能否把握？你是否已经做好了准备？如果没有，就不要抱怨没有机会。如果你觉得已经做好了准备，机会仍然没有出现，那么不要叹气，机会的花朵肯定会在你身旁盛开。

懂得了这一道理后，你就应在以后的岁月中去珍惜每一个学习的机会，每一种能力的培养，哪怕是雕虫小技，"旁门左道"这些东西在今天你也许用不上，甚至于一辈子也用不上一回，但一旦机遇来临，它就是你命运的一次重大转折。

有一个大学毕业生去旧金山求职，在碰够了钉子之后，他站到一家外企人事部的招聘桌前。一个戴着眼镜的中年人用法语问了一些淡如白水的问题，诸如"你为什么要来本公司？"而他用不流利的法语回答之后，中年人点点头，拿出一个包装纸盒，问他："这是用来装什么的？"他接过来，仔细看了看，外面的说明是法文写的，但关键词即盒里所装的内容却是一个他从未见过的单词。正在一筹莫展的时候，他瞥了一眼纸盒的另一面，另一面是对应的一篇日文说明，相关部位的日文正是他再熟悉不过了，他脱口而出："葡萄干"。招聘者脸上终于露出了微笑，用手指了指后面的总经理办公室。

他走进了办公室。很多法语远比他流利得多的应聘者却因为这个词而被挡在了第一关。由此可见，在你自觉地去学习许多东西，留心许多事情时，就已经是在寻找机会了。做好了准备，机会来了，你才可以伸手抓住它。而如果没有准备，再好的机会也没有用，因为你无法把握它。机遇只垂青那些有准备的人，机遇来临时我们只有有备而战，才有十足的胜算。

你要努力学习，时刻做好迎接机遇的准备才对。是这样吗？儿子。祝你好运！

*想念你的父亲*

# 用心的力量

　　米尔顿·弗里德曼，美国经济学大师、诺贝尔经济学奖获得者。被撒切尔夫人称为"学术界的自由战士"。二三十岁时，曾是一位温和的社会主义者，后转变为一个热心的自由主义者。自称"我有温和的社会主义倾向。"分别于1980年、1988年、1993年3次来华访问，曾宣称："谁能正确解释中国改革和发展,谁就能获得诺贝尔经济学奖"。在3次访华中，弗里德曼近距离地观察了一个从计划经济体制走向市场经济体制的社会的变迁过程，他尽力向中国人介绍了他关于自由市场制度的知识，表达了自己的思想观念。作为一个经济学家，他很好地完成了自己的任务，深入影响了一大批中国人，其中不乏能够直接影响中国发展道路的人。可以说，在这十几年中，弗里德曼原有的在世界范围内的影响力扩充到了中国，而中国也因此受益良多。

　　弗里德曼于1912年7月31日生于美国纽约的布鲁克林一个匈牙利裔犹太移民家庭。父母均是前奥匈帝国领地拉瑟尼亚的移民。1932年，弗里德曼从罗格斯大学毕业。在大学里，他学完了经济学和数学两个专业，并获得了文学学士学位。

1933年，弗里德曼获得了芝加哥大学的文学硕士学位。决定在芝加哥研究的弗里德曼还认识了几位杰出的经济学学者。1935年，他参加了华盛顿国家资源委员会的工作，这一行动使他成为政府的智囊人物，成为了罗斯福新政的参与者。

1938年，弗里德曼与罗斯结婚。罗斯也是一位经济学家，对弗里德曼的职业生涯有重要的影响，并与他合著了两部著作。在20世纪40年代初，弗里德曼曾攻读了哥伦比亚大学的哲学博士，由于其论文引起了极大的争论，直到1946年，他战胜了反对意见才获得了博士学位。1940—1941年，他曾被邀请作为麦迪逊的威斯康星大学的客座教授。1946年，他进入了芝加哥大学经济学院工作。进院才5年，他对经济理论贡献的意义就被美国经济学会所承认。当时他获得了约翰贝茨克拉克勋章的荣誉。1976年，他因在消费分析、货币史理论等领域所取得的成就，以及对稳定政策复杂性的有效论证而获得诺贝尔经济学奖。

当代终身教育的主张是由法国教育家保罗·郎格朗首先提出的，他认为受教育应当是每个人一生的过程，在每个人需要的时候，随时都可以以最好的方式获得必要的知识。终身教育是"人们在一生中所受到的各种培养的总和"，包括各种年龄、各种形式的教育，包括学校教育、成人教育以及自学。对国家来说，终身教育的理想就是构建一个学习型的社会；对个人而言，终身教育要造就能够在现代社会中应付各种变化并发挥个人独特才能的创造者。

终身学习的观念自古有之，是中华民族的传统美德之一，也正因为先贤的勤奋好学才创造并赓续了生生不息、奇葩璀璨的中华文明。孔子为求真知"不耻下问"，因"学无止境"而不远千里，风餐露宿前往洛阳拜老子为师成为千古美谈。我国近现代著名教育思想家和实践家陶行知先生终身致力于中国教育的改造，他在实践中创立的"社会即学校"、"生活即教育"等教育理论，就蕴含了终身教育的思想，成为我国教育思想史上的不朽丰碑。

终身教育受到了世界各国的重视，美国于1976制定了《终身学习法》；欧盟将1996年定为欧洲终身学习年，并于2000年10月发布了《终身学习备忘录》；日本于1988年将"社会教育局"改为"终身学习局"，1990年颁布了《终身学习振兴法》；韩国于20世纪80年代初就将终身教育写进了宪法，1996年又将《社会教育法》改名为《终身学习法》；中国台湾也在2002年通过了《终身学习法》……终身学习，以前所未有的地位，被各国和地区以法律的形式体现出来。1996年，联合国教科文组织成立50周年之际，在《教育——财富蕴藏其中》的报告中，提出了一个重要观点：终身教育是进入21世纪的一把钥匙。报告还提出，基础教育应承担起为终身教育打好基础的任务。

记得有这么一个故事：1988年，当75名诺贝尔奖获得者聚集一堂的时候，有记者问获奖者："您在哪所大学、哪个实验室学到了您认为最重要的东西？"一位白发苍苍的学者沉思片刻回答道："幼儿园。"他解释说："幼儿园教会我把自己的东西分一半给小伙伴，不是自己的东西不要拿，东西要放整齐，就这些。"由此可见，终身教育的基础要尽早打牢，因为植根于幼小心灵中的理念将影响到饭前要洗手，做错事情要表示歉意，午饭后要休息，要仔细观察大自然。从根本上说，终身教育是为孩子的一生负责。

因此，父母作为孩子最早的老师，必须要培养孩子爱学习的好习惯，为孩子的终身教育奠定基础。可以从以下几个方面入手。

## 为孩子创设良好的学习环境

古语云"近朱者赤、近墨者黑"。家庭是孩子最初的生活环境，对孩子的发展和影响无疑是巨大的。为孩子提供良好的家庭学习环境，可以让孩子对学习充满兴趣，比如常与孩子谈论一些他比较感兴趣的事情；与孩子一起唱歌、读诗和歌谣，询问他今天或者最近学到了哪些新知识等等，使孩子从小就成长在一个喜爱学习、便于学习的家庭环境当中，通过天长日久、耳濡目染，爱上学习。

## 注重培养孩子良好的学习习惯

孩子的学习优劣取决于智力因素和由学习动机、意志、习惯等组成的非智力因素，而在非智力因素当中，学习习惯是非常重要的一个部分。习惯的力量十分巨大，好习惯使人一生受益，而坏习惯则会贻误终身，而良好的学习习惯是与人的成长规律和学习规律相适应的最佳行为模式，能起到事半功倍的效果。良好学习习惯主要包括：注意力比较集中、敢于提问、能够独立思考、善于推理和想象、有积极的态度和情感等等。

## 培养孩子热爱读书的好习惯

书是人类进步的阶梯。从小培养孩子爱读书的习惯，是孩子成功的第一步。

获得生理学、医学诺贝尔奖的塔特姆博士，爸爸是一个从事药物理论研究，工作十分努力，回到家里也要抓紧时间看书学习，妈妈则常常为小塔特姆讲故事。等父亲休息时，他就扑到爸爸怀里问这问那，爸爸总是笑眯眯地耐心回答，并利用这种机会启发他去思考更多的问题。爸爸告诉小塔特姆，等他大一些，他就可以自己看书，他需要的答案都在书里面。上了小学后，小塔特姆逐渐发现读书是一件很有趣的事，从书本中他可以知道许多以前不知道的事，许多疑问也可以从书中找到答案。从此塔特姆就爱上了书，他从许多书籍中学到很多知识，养成了喜欢读书、爱思考的好习惯。

## 培养孩子的求知欲

好奇心是成功的重要法宝。在孩子的成长过程中，会提出绝大部分成年人没有想到也回答不了的问题。假如每个孩子的这种好奇心在日后都能保持下来，那他就是一个天才。一个人只有具有好奇心，同时加上努力进取才会成功。

爱因斯坦说："我没有什么特别的才能，不过喜欢寻根刨底地追究问题罢了。"拉比说："我能成为一个获得诺贝尔奖的科学家，最根本的原因是我小学每天放学回到家，母亲总要问我：你今天给老师提什么有用的问题了吗？"拉比把自己获得诺贝尔奖归功于母亲每天问他是否提了有用的问题，这实际上也是大多数犹太母亲向孩子经常提出的问题。犹太母亲鼓励孩子提问就是呵护孩子的好奇心，培养孩子的求知欲的一种做法，是犹太人获得诺贝尔奖特别多的原因之一。

家庭教育是一门既高深又简单的学问。之所以高深，是因为它影响着孩子的成长，尤其要把孩子培养成才，需要父母付出太多的心血；之所以简单，则是因为只要心中有爱和教育良方，每个父母都可以做得很好，都可以发掘孩子身上独一无二的天赋和价值，最终将他们引向成功。

## 米尔顿·弗里德曼致儿子的信

我亲爱的孩子：

你也许会认为，利用有限的零碎时间读书，不会有太大的收获，就像微薄的薪水不能积蓄起巨额的财富。可是事实恰恰相反，许多利用空闲时间学习的人，最后的收获是惊人的。

看看这些人的故事吧：

爱迪生当报童在火车卖报时，他仍然坚持读书。每次火车在底特律停留1小时期间，他都泡在青年人协会的阅览室里。有一天，图书管理员问他读了多少书，他说已经读完了第一架上的两层，管理员不明白为什么他刚刚读过的两本书风马牛不相及，他说："我是按照书架上的次序读的，我只想把这里的书统统读完。"正是由于这种贪婪的读书学习，青年时代的爱迪生接触到了当时很先进的著作《法拉第电学研究》。得到这本书后，有一天，他从凌晨四点读到午餐前，别人催他吃饭时，他叹息道："人的一生多么短促，要干的事情又那么多！"他把《法拉第电学研究》压在枕头下面，哪怕在睡梦中也会打开它，以解答脑子里突然闪现的疑团，他就是这样废寝忘食地读书学习。

瑟洛威德是一位具有57年报业经验的资深人士，他坚强、敏锐、和蔼、机智，具有强壮的体格。在纽约州，他时常能影响当地公共政策的制定。他讲述了他少年时代的一段读书求知识的故事：

"我无法确定在卡茨斯基上了多长时间的学，也许不到一年，最多不超过一年半。那时我只有五六岁。我家里很穷，我很小就想找点事做，养活自己。"

"我先在一家制糖厂干活，干得非常认真。现在，每当回忆起在槭树林里采集糖汁的日子，我仍然感到愉快。那时候惟一的缺憾是没有鞋穿，大冬天，我脚上裹着破毯子，到雪地里割树；春天积雪融化，树上长出了绿芽，我就把毯子扔掉，光着脚去干活。"

"割完槭树后，我抽空读书。那时候农民家里只有《圣经》，要想读更多的书就得找人借。""一个住在三英里之外的人告诉我，他从更远的地方借了一本有趣的书，我就光着脚、踏着残雪到他家去借这本书。路上有的地方雪化了，我就停下来暖暖脚。偶尔有整段的路没有雪，走在上面对我来说真是莫大的享受。那本书正好还在他家里，我许诺要好好保管这本书，不把它弄脏弄坏，他就把书借给我了。在回家的路上，我捧着这本书边走边看，竟然忘了脚下的雪地。""那时候蜡烛也是一种奢侈品，要想在天黑后看书，只能借着壁炉里的火光看，为了看得更清楚点，就得趴在地上。我就这样如饥似渴地读完了那本借来的书《法国革命史》。""后来我在奥隆德加的钢铁铸造厂工作，没日没夜地锻造、打磨、准备模子，一日三餐吃些腌肉、黑麦和粗面包，把稻草堆当床，但我很喜欢待在熔铁炉旁边，因为它的火光可以把书照亮。"

瑟洛威德就是这样孜孜以求地读书学习，积累知识，从一个上学时间不长的无知少年最终成长为杰出的报人。有人认为，过了宝贵的青年时期，就失去了求学的机会；到晚年，更不能学到什么东西。实际上，只要能利用自己的空闲时间，努力进修，全神贯注来摄取知识，那就完全可以补救青少年时期的失学，甚至使自己学富五车。瑟洛威德就是很好的一个例证。

儿子，人的一生都是受教育的时间，我们置身其中的世界是个大学校。遇见的人、接触到的事与所得的经验，都是这所学校最好的学习资料。只要能敞开耳目，那么，在每一天、每一分钟、每一个地方，都可以汲取到知识。然后，在空闲时间里，把吸收来的学识反复思考、咀嚼，就可以将那些零碎的知识整合成更精湛、更有意义的学问。千万不要认为坐在学校的教室里读书才是学习，要牢记：学习是随时随地进行的事。

在学习上，我们经常会听到这样的话："等我有空再学习。"这句话通常表示"等手上没有什么重要的事情时再学习"。但实际上，没有所谓"空"的时间。你可能有休闲的时间，但却没有"空"的时间。在休闲的时候，你也许会躺在游泳池边尽情玩乐，但这绝不是"空"的时间。你的每一分钟都很值钱。

凡是在事业上有所成就的人，都有一个成功的诀窍：变闲暇为不闲，也就是指不偷清闲，不贪逸趣。

爱因斯坦曾组织过享有盛名的"奥林比亚科学院"，每晚例会，与会者总是手捧茶杯，边饮茶，边讨论，后来相继问世的各种科学创见，有不少就是产生于饮茶之余。据说，茶杯和茶壶已列为英国剑桥大学的一项"独特设备"，以鼓励科学家们充分利用余暇时间，在饮茶时沟通学术思想，交流科技成果。

"闲不住"的人们还在闲暇时间里积极开创自己的"学习第

二职业"。在概率论、解析几何等方面有卓越贡献的费尔马，他的第一职业是法国图卢西城的律师，而数学则是他的"学习第二职业"。哥白尼的正式职业是大主教秘书和医生，而创立太阳系学说却成为了他"学习第二职业"的研究课题。富兰克林的许多电学成就是当印刷工人时从事"学习第二职业"的成果。"闲不住"的人们还在闲暇时间里虚心向社会上的能人贤者求教。托尔斯泰曾在基辅公路上不耻下问，请教有丰富生活经验的农民。达尔文曾在科学考察途中，拜工人、渔民、教师为师。不甘悠闲，不求闲情，已被不少成功人士视为生活、学习的准则。

当然，也有一些人的闲暇时间是白白流逝的。他们或堕入"三角"甚至"多角"的情网，或沉溺于一圈又一圈的豪赌"漩涡"，或陶醉于"摩登"、"时髦"的家具摆设，或无聊地徘徊于昏暗的街灯之下。人们在生活中灭亡于英雄事件的悲剧者甚少，消磨于极平常的或者接近于没有事情的悲剧者极多。

由此可见，闲暇时间的利用对个人品德和素质的发展有着很大的关系。儿子，你不能小看了这短短的闲暇时间，也许一个人成功与否就决定于他闲暇时间的利用上了。你要能够从无关紧要的事或休闲活动中窃取时间认真学习，读好社会之书，才能创造精彩的人生。

愿你抓住各种机会好好学习！

思念你的父亲

# 学习的力量

"世界上大多数人是贫穷的，所以如果懂得穷人的经济学，我们也就懂得了许多最起码重要的经济原理。世界上大多数穷人以农业为生，因而如果我们懂得农业经济学，我们也就懂得许多穷人的经济学。"

——西奥多·舒尔茨

西奥多·舒尔茨，美国著名经济学家、人力资本理论创立者。1902年出生于美国南达科他州的一个农场。在青少年时期，他目睹了农民在二次世界大战后生活的艰辛，他在自传中这样描述，"农产品价格跌幅超过一半，银行破产，农户难以为继"。也正是第一次世界大战后的经济衰退使他对经济活动产生兴趣，并引导他进入经济学的殿堂。他的学生盖尔·约翰逊曾评价他，"舒尔茨是发展经济学的杰出创新者，他是一个传道授业解惑的师者，一个成功的学术管理者，一个敏锐的观察者。"

舒尔茨没有接受高中教育，1924年直接进入南达科他州大学，随后进入威斯康星大学，于1928年和1930年分获科学学硕士和农业经济学博士学位。1934年担任该大学教授。

在20世纪30至40年代，舒尔茨的注意力主要集中在对农业政策的客观分析上，他对罗斯福政府关于农场产量与收入的新政计划效应的研究产生了兴趣。其中的一部分研究成果直至今天仍有深远的影响。他的主要成就是促进了农场经济的发展。

20世纪50年代后期，舒尔茨开始在人力资本理论方面著书立说。在他的众多论著中，对发展中国家颇为关注，并做出了突出贡献。为此，他被授予诺贝尔经济学奖。

舒尔茨在经济学领域执著的追求使他获得了许多荣誉。他一直是美国农业经济协会、美国文理科学院、美国哲学学会的会员，同时他还是国家科学院院士。1960年，他被推选为美国经济协会会长，并于1965年获该协会最高荣誉——弗朗西斯沃尔克奖章。舒尔茨的著作还得到了社会主义国家的高度评价。

## 舒尔茨致儿子的信

我的艾伦，你好：

知识的重要性每个人都知道，然而仅有知识是不够的。书中的东西，往往会瑜瑕参差，我们在学习中如果不辨真伪，并且在学习中不把知识与实际相结合，那么再好的知识也会成为一堆废物。

我们常说"知识就是力量"，然而这并不意味着有了知识就有了力量，而是要把书本知识通过实践，变成能力和素质才行。这种知识才是力量，也才能在生活工作中发挥作用，否则就是纸上谈兵，毫无真实的结果。

诺贝尔物理学奖的获得者，加州理工学院教授费曼在科学上取得的成就，无不得益于他的动手实验能力和强烈的探究兴趣。童年时代，费曼就对各种实验特别感兴趣。11岁时他就在自己家的地下室里开设了一个"实验室"。在这个实验室里，他自己动手学会了电灯的并联和串联，学会了把酒变成水，并用这些学会的东西为小朋友们变魔术。费曼为了搞清楚为什么狗的鼻子特别灵，便亲身实验，自己像警犬一样在地上爬来爬去。结果他用自己的实验证明，狗的嗅觉能力的确强于人，但是人的嗅觉能力也被低估了。他认为由于人的直立行走，使得人的鼻子离地面太远，很难闻到地面上的气味。为了证明自己的观点，他经常向别人演示：他自己先走出书房，让书房里的其他人各自从书架上抽取一本书堆放在一起。在这之后，当费曼走进来时，他能够准确无误地指出哪本书是哪个人碰过的。大家都以为他又在变什么魔术，其实这就是费曼亲身实验的结果，因为人手的气味差异很大，人的嗅觉是可以辨别这些差异的。

一天，当费曼坐在研究所的餐厅里时，他发现有人在拿餐厅的碟子玩耍，把一个碟子抛向空中。费曼发现，碟子飞出去的时候，边飞边摆动，碟子上的红色花边也随之转来转去。他被碟子转动的方式吸引住了。他发现当角度很小的时候，碟子上图案转动的速度是碟子摆动速度的两倍。由此，他进一步思考电子轨道在相对状态下的任何运动，研究量子动力学，为以后取得的成就奠定了基础。

在获得诺贝尔物理奖后，费曼感叹道："我获得诺贝尔奖的原因，全来自于那天我把注意力放在了一个转动的碟子上。"

儿子，当你能亲身感知学习得来的知识时，最容易引起心灵的震撼，也最容易把知识内化于心，长久地发挥巨大的作用。达尔文说过："一项发现如果能使人感到激动，真理就能成为他终生珍惜的个人信念。"而实践所学的知识，就能激发这种激动。著名的生物学家威哥里伏斯深情地回忆他幼年的一件事："我5岁时，获得了一生中最重要的科学发现，我把一只毛虫关在瓶子里，它吐丝作茧，几天后，在我仔细惊奇的观察下竟出现了一只蝴蝶。"他把这项发现作为自己"一生中最重要的科学发现"！其实这个发现极其平常，但由于是亲眼观察、亲身体验，由此照亮了这位科学家的心灵，使他真切地感受到了科学实践的诱人，对他整个成长、整个人生的价值非同寻常！

要想学得更好，学得更有用，你就得亲身实践，因为要想知道梨子的滋味，你就得亲口尝一尝。著名的实用主义哲学家、教育家、反传统教育的旗手杜威·博在19世纪末和20世纪初，因开创了"实验教学"的先河而蜚声哲学界和教育界。杜威强调他的哲学是"行动、实践、生活"的哲学，他曾说，在他的教育著作的背后，存在着一个思想，这就是颇为抽象的"知"和"行"的关系的学说。杜威特别强调行动、操作，认为观念、知识都是从行动中获得的。由此，杜威提出了"教育即生活"、"学校即社会"、"从做中学"等一系列"知行合一"的教育纲领。他认为，教育过程和生活过程并不是两个过程，而是一个过程。最好的教育就是从生活中学习，不断在生活过程中学得经验和改组经验；他要求学校本身就是一种社会生活，成为一个小型的社会，一个雏形的社会，把社会生活中的必要内容组织到学校教育过程中去。

"从做中学"的主张，要求学生要从自身的社会活动中学习，按照这一思想，教学就是把东西交给学生去"做"，而不是把东西交给学生去"学"。知识总是与"做"相联系的，只有通过"做"而得来的知识，才是"真知"。在行动中学习是学习的最高境界，用这句话来赞誉一代大师杜威的思想是再合适不过了。

　　儿子，读书是学习，使用也是学习，而且是最重要的学习，因为读书学习的目的全在于应用。不能把学到的知识应用到行动中去，知识既成不了力量，也成不了财富，知识只能是知识本身。所以你要加强把知识变成行为能力素质的培养与锻炼。

　　祝你达到学习的最高境界！

爱你的父亲

# 潜力的力量

·

有人曾说，"没有诺伊斯，英特尔不会成为一家著名的公司；没有摩尔，英特尔不可能有足够的力量和士气以处于领导地位；而如果没有格罗夫，英特尔甚至都不会成其为公司。"安德鲁·格罗夫，美国创业家、英特尔公司创始人。他不但使英特尔成为半导体行业的典范，而且缔造了别人难以模仿的英特尔模式——高度的组织化和整体化。如今英特尔比任何一家半导体厂商都活得有滋有味。格罗夫无疑是最大的功臣。

1997年美国《时代周刊》授予他"年度风云人物"奖项，1998年美国管理学会赋予他"年度杰出经理"的称号，2001年他获得战略管理协会"终身成就奖"。2004年安德鲁·格罗夫被沃顿商学院提名为25年来最有影响的CEO。

安德鲁·格罗夫于1936年出生于匈牙利布达佩斯一个犹太人家庭。年幼时经历过纳粹的残暴统治，1956年安德鲁·格罗夫逃离祖国，辗转到达纽约，后毕业于纽约州立大学，获加州大学伯克利分校博士学位。1968年入主英特尔公司，在英特尔创业初期，格罗夫并不显眼，没有人认为他具有管理才能，但正是不被众人看好的格罗夫在70年代末80年代初确立了英特尔公司的形象，使之从制造商转变为业界领袖。

1968年7月，诺伊斯、摩尔与格罗夫创立了英特尔公司，主要研究和制造计算机存储器。20世纪70年代前后，它在存储器市场上占的份额几乎为百分之百。后来存储器市场竞争异常激烈，英特尔面临生死存亡的时刻。1979年，格罗夫出任总裁。1985年，格罗夫开始了他艰难的历程——力排众议，顶住压力，砍掉了全公司为之倾注心血的存储器生产，把英特尔的重点转移到微处理器上。1985年英特尔推出32位的386芯片，1989年，英特尔486研制小组完成第一块芯片，同年486推出。格罗夫认识到，英特尔应将个人电脑上的优势扩大到新型的通讯和多媒体世界，实现战略上的再次转型。

1992年5月，比486功能更大的微处理器问世，格罗夫为防其他公司抄袭，将其称为Pentium处理器。1994年，英特尔公司的大部分业务围绕微处理器开展，业绩相当不错，收入超过100亿美元。这一年，奔腾处理器投入全面生产。如今，Pentium处理器又升级了好几代，成为当代计算机和多种数字通讯产品最重要的心脏。

## 安德鲁·格罗夫致儿子的信

亲爱的道格拉斯：

让爸爸在这封信里给你讲讲关于发掘和利用自身优势的问题吧！

多年以前，在俄克拉荷马州的一片私人土地上发现了石油，这片土地属于一个年老的印第安人。这位印第安人一辈子穷困潦倒，可石油的发现使他一夜之间成为了百万富翁。发财以后他做的第一件事就是给自己买了一辆豪华的"凯迪拉克"旅行轿车。当时的旅行轿车在车后配有两个备用轮胎。可是这位印第安人想使它成为乡里最长的车子，于是又给它加上了4个备用轮胎。他买了一顶林肯式的长筒帽，配上飘带和蝴蝶结，还叼上一支又粗又长的黑雪茄烟，就这样把自己全副武装起来了。每天他都要驾车到附近那个熙熙攘攘、又脏又乱的小镇上去。他想去见每一个人，也想让人人都看看他，他驾车通过镇上时不停地左顾右盼，与碰到的熟人寒暄，与来自四面八方的熟人打招呼。

有趣的是，他的车从来没有撞伤过一个人，他本人也从未有过身体受伤或财产受损的事。原因很简单：在他那辆气派非凡的汽车前面，有两匹马拉着汽车。他的机械师说汽车的发动机完全正常，只是老印第安人从没学会用钥匙插进去启动点火。在汽车里面有100匹马力准备就绪，昂首待发，可老印第安人就要用汽车外面那两匹马。

许多人都犯了这样的错误，他们只看到外面的两匹马的力量，看不到里面的100匹马的力量。心理学家告诉我们，我们所使用的能力只有我们所具备的能力的2%—5%。

罗西弗林说过："1分钱和20块钱如果都被扔在海底，它们的价值就毫无区别。"只有当你把它们捞起来按惯有的方式花掉的时候，才会有区别。只有当人发掘自我，利用自己的巨大潜能时，你的价值才成为真实的和可见的。

儿子，你一定知道尼亚加拉大瀑布吧，其实尼亚加拉大瀑布在好几千年里，上万亿吨的水从180英尺的高处奔涌而下，坠落到深渊里，毫无意义地流失掉。然而有一天，一个人制定了一个计划用了这巨大能量的一部分。他使一部分下落的水流有目的地经过一个特殊的装置，从而产生出上千万千瓦的电力，推动了工业发展的巨轮。从此，成千上万的家庭有了光明，成吨的粮食被收割，大量的产品被生产出来并运输到各地。这种新的能源使人们有了工作，孩子们受到了教育，道路被开通，高楼、医院被建造。它带来的好处是说不完的。总之，这一切能实现都是因为人们发现并利用了尼亚加拉大瀑布的能量，让它为一个特殊的目的服务。你也要学会尽快发现和利用自己的潜力和才能。

孩子，积极挖掘你的才能并学会利用它，那么你一定会成功。爸爸祝福你！

永远爱你的父亲

# 创新的力量

美国一项调查显示，具有创造力是美国600家最成功企业的共同特质。根据日本文部省的调查，56%的企业主最需要具有创造力的人才。这提示我们，创造力在现代人追求成功的天平上，具有相当的分量。

创造性思维是人类的高级心理活动。创造性思维是政治家、教育家、科学家、艺术家等各种出类拔萃的人才所必须具备的基本素质。心理学认为：创造性思维是指思维不仅能提示客观事物的本质及内在联系，而且能在此基础上产生新颖的、具有社会价值的前所未有的思维成果。

越来越多的儿童教育专家认为多种智力因素决定了人的创造性。美国哈佛大学教育研究生院教授、心理学家霍华德·加德纳总结了儿童所共有的8种智力因素：语言智能、逻辑-数学智能、运动智能、空间智能、音乐智能、自然观察者智能、人际交往智能及内省智能，后两种智能决定了孩子内向或外向的心理倾向。这8种因素中的每一种都表明了人类具有不同的能力来适应他们所处的环境。

如今，大家都在谈创造力，尤其是为人父母者，生怕自己的孩子没有创造能力，生怕自己的孩子因此无立足之地。其实，大可不必如此担忧。因为有位教育家指出：处处是创造之地，天天是创造之时，人人是创造之人。

所谓创造力，通俗一点说，就是想出新方法、做出新东西的能力。每个孩子都有这个能力。

婴儿会用不停的哭声来表示饥饿和各种不舒服的感觉，甚至用哭声喊叫来表示不愿意躺着，要求父母去抱他哄他。婴儿用"哭"这一手段和方法，常常可以达到他的目的。从这个意义上讲，"哭"就是婴儿早期向成人提出要求和发出指令的一种创造发明。

儿童在游戏中，也会表现出他们与生俱来的创造能力。用沙土垒起山脉、架起桥梁、堆起房屋，用筷子当针筒给人扎针，用大人的口气训斥他人，甚至用耍赖来要挟父母和各种恶作剧等，这些固然有许多模仿的成分，但更多的是他们原先没有用过的手段和方法，是他们的"新发明"，是他们创造力的体现。

任何创造发明都离不开原有的知识和经验，都是在前人已有的手段方法的基础上的改良改进。火箭导弹，靠的是火药爆炸产生推动力的原理；生物工程，靠的是遗传学等原理；电脑，更是人脑的思维功能和规律与各种学科知识的结合。一句话，创造发明离不开知识和经验的积累。因此，引导孩子努力学习各种知识，引导孩子养成良好的科学的思维习惯，孩子的创造力才会有萌发的土壤。

但是，最重要的是为人父母者能否发现并认识到孩子创造力的萌芽。这取决于父母们的创造观是否正确。凡是孩子原先不会的而现在会了，就是一种创造；凡是别人没有想到而孩子想到了，就是一种创造；凡是孩子在原先或别人的基础上做得更好的，就是创造。

只要为人父母者树立了这样的观念，就能发现孩子的创造力萌芽，就能保护孩子最原始的创造意识。这对培养孩子的创造力是至关重要的。善待孩子的创造力，就是善待孩子的生命，就是善待孩子的一生。

## 安德鲁·格罗夫致儿子的信

我的孩子：

提到创新，有些人总是觉得神秘，似乎它只有极少数人才能办到。其实，创新有大有小，内容和形式可以各不相同。创新活动已经不仅是科学家、发明家的事，它已经深入到普通人的生活中，很多人都可以进行创新性的活动，生活、工作的各个方面都可以迸发出创造的火花。一个人在事业上新的追求、新的理想、新的目标会不断产生，在为新的事业创造奋斗中，实现了这些新的追求、理想、目标，就会产生新的幸福。

对于一个成大事的人来说，创新和幸福是什么关系？英国著名哲学家罗素把创新看作是"快乐的生活"，是"一种根本的快乐"。创新是生活的最大乐趣，幸福寓于创新之中。有位教育家在《给儿子的信》中写道："什么是生活的最大乐趣？我认为，这种乐趣寓于与艺术相似的创新性劳动之中，寓于高超的技艺之上。如果一个人热爱自己所从事的劳动，他一定会竭尽全力使其劳动过程和劳动成果充满美好的东西，生活的伟大、幸福就寓于这种劳动之中。"这些论述深刻地揭示了创新与幸福的内在联系，说明创新是获得新幸福的源泉。

为什么说创新是成大事者获得新的幸福的源泉和动力？我们知道，幸福是人们在追求目标过程中得到的精神满足。而人们需要的内容是不断发展的，需要的层次是不断提高的，旧的需要满足了，又会产生新的需要；低层次的需要满足了，又会产生高层次的需要。要满足人们不断提高的需要，实现人们对幸福的追求，就要依靠创新，取决于创新，即他的幸福和成大事与否也在于创新。

世界上因创新成大事的人简直就是不胜枚举。法国美容品制造师伊夫·洛列是靠经营花卉发家的，他在一次新闻发布会上感触颇深地说道："能有今天，我的秘诀在于创新，创新的确是一种美丽的奇迹，它给了我成大事的支点。"伊夫·洛列生意兴旺，财源茂盛，摘取了美容品和护肤品的桂冠。他的企业是惟一使法国最大的化妆品公司"劳雷阿尔"惶惶不可终日的竞争对手。

要想成功绝不能好高骛远，只能从一点一滴的行动做起，只有这样去不断积累，最终才能由量变发展成质变，取得成功。想一步到位是不现实的。世界上任何大事情都是从小事情做起的。只有扎扎实实地从小事情做起，才能希望有朝一日成大事业。这样从事的事业才会有成功的坚实基础。虽然我们有"从今天起开始做"的想法，但如果定了过大的计划，到后来难以实行，就不会有什么结果的。因此，在开始时，不要把目标定得太远，也就是凡事从小处着眼。

有一位曾经当过人寿保险的业务员，同时在其他的事业上也非常成功。他认为：若要增加人家对他的好感，应该先把自己的外貌整理好，因此，他每天早上在镜子前仔细研究端详，想办法使别人对他产生好感，所以，我可以这么说，他的成功，便是他平常累积小事而导致的。万丈高楼平地起，你不要认为一个人为一分钱与别人讨价还价是一件丑事，也不要认为小商小贩没有什么出息，金钱需要一分一厘积攒，而人生经验也需要一点一滴积累。在你成功的那一天，你已成了一位人生经验十分丰富的人。

"上帝只拯救能够自救的人。"成功属于愿意成功的人。成功有明确的方向和目的。一个人不愿成功，谁拿他也没办法，他自己不行动，上帝也帮不了他。

儿子，成功并不是一个固定的蛋糕，数量有限，别人切了，你就没有了。不是那样，成功的蛋糕是切不完的，关键是你是否去切。你能否成功，与别人的成败毫无关系。只有自己想成功，才有成功的可能。

成功，首先始于个人的自愿自觉。当一个人失去生活的目的和意义，万念俱灰之时，我们说"无可救药"；当一个人动了念头，认了死理，哪怕上刀山下火海不达目的不罢休时，我们说"矢志不渝"。自己的事自己做。成功始于心动，成于行动。

儿子，懂得了这个道理后，就应该脚踏实地的从小事做起，日积月累，才能走向成功。希望你能在自己的工作、学习中主动地、积极地去创新，你会从中得到无比的幸福和快乐。

祝你进步！

永远挚爱你的父亲

# 好习惯的力量

温斯顿·丘吉尔，英国前首相、世界著名政治家，是二战期间带领英国人民取得反法西斯战争胜利的民族英雄，与斯大林、罗斯福并称为"三巨头"。希特勒曾说："丘吉尔入阁，这意味着战争真正开始，现在我们才开始同英国作战。"其对二战的卓越贡献由此可见一斑。

丘吉尔1874年11月30日出生于英国声名显赫的贵族家庭，毕业于英国皇家军事学院。祖先的丰功伟绩、父辈的政治成就以及家族的荣耀和政治传统，对丘吉尔的一生产生了巨大的影响，为丘吉尔提供了学习的榜样，树立了奋斗目标，也培育了他对祖国的历史责任感，成为丘吉尔一生孜孜不倦地追求和建功立业的强大驱动力。

第二次世界大战爆发后，丘吉尔出任英国海军大臣，1940年出任英国战时内阁首相兼第一财政大臣、国防大臣，迅速把国民经济转入战时轨道。在其就任首相期间，促成美国通过《租借法案》，制定"先欧后亚"的战略方针，签署《大西洋宪章》，对日宣战；参与起草和签署《联合国宣言》；签署《开罗宣言》，开辟欧洲第二战场；签署《德黑兰宣言》，参与雅尔塔会晤。1945年辞职后，曾发表"铁幕演说"，主张英美联盟，对抗苏联，拉开了战后"冷战"序幕；提出"三环外交"政策，反对美国的对朝战争。丘吉尔坚定地领导英国及英联邦国家人民进行反法西斯战争，为世界反法西斯战争的胜利做出了重要贡献。1951年10月丘吉尔再次当选首相，1955年退休，1965年1月24日逝世。著有《第二次世界大战回忆录》、《英语民族史》等书。1953年获诺贝尔文学奖，1963年4月9日美国国会通过授予他荣誉美国公民的称号。

## 丘吉尔致儿子的信

我亲爱的孩子：

你在来信中说要在几周时间内养成某种习惯。你的用心是好的，但却急了点。须知培养一个好习惯急于求成是不行的。培养好习惯就像犁地，是个慢工夫。好习惯必须由内部形成。好习惯一旦形成，还会产生其他好习惯。激情让人开始行动，动机让人的行为不偏离轨道，而好习惯则让人的行为自然而然地产生。

人的许多能力，如在灾难面前表现出勇气，在诱惑面前具有一定的自制力，在受伤害的时候保持乐观，在绝望的时候显示个性，在遇到困难的时候看到机会等等，不是偶然出现的，而是心理和生理方面经过持续不断的训练的结果。在灾难面前不管人们所表现出来的行为是好的还是不好的，都只能是训练的结果。如果在小事上人们经常表现出懦弱、不诚实这样的特性，就不能指望人们以积极的态度处理重大的事情，因为人们没有经过这方面的训练。

如果一个人让自己说了一次谎，那么说第二次、第三次会非常容易，直至成为一种习惯。人的大多数行为都属于习惯行为，无需考虑就自动产生。性格则是人的一切习惯的总和。如果一个人有各种各样的好习惯，那么人们就会认为他有良好的性格；如果他有很多坏习惯，人们就会说他性格不好。习惯往往比逻辑推理有力得多。不过，习惯在最初时是很不起眼的，往往感觉不到，但久而久之会变得很顽固，想改都改不掉。错误会成为习惯，决定也能形成习惯。记得小的时候，你的祖父母对我说："你应该养成好习惯，因为习惯会构成人的性格。"

那么，你应该怎样养成好习惯呢？

任何事情反反复复地做就会变成习惯。人的许多行为习惯都是在做中养成的，例如通过勇敢地做事，就能学会勇敢；通过诚实、正直地做人，就能学会诚实和正直。通过实践，人们培养起许多好的品质。同样，如果一个人经常表现出不诚实、不公正等不良行为，或有了这样的行为又没有受到惩罚，这个人就会渐渐习惯于这些行为。态度是人的行为模式，也属于习惯的范畴。态度会成为一种心理状态，从而控制人的行为。

一切习惯在刚刚形成的时候都是很不起眼的，但最终往往会变得难以打破。态度属于习惯，是可以改变的，问题是要用新的良好习惯去破除和取代旧的不良习惯。防止坏习惯的形成比克服那些已形成的坏习惯容易。要形成好习惯就要战胜诱惑。快乐和不快乐都是一种习惯。

优秀品质的形成是有意识地付出一次又一次的努力的结果，它需要经过大量的实践直到变成一种习惯。由于每个人都有一些不良的习惯，所以人们常常表现出这样或那样的缺点。那么，就自己去一个不被打扰的地方，用15分钟时间列一张自己的不良习惯的一览表。

我们都知道，下决心很容易，忘掉也很容易。而形成一种好习惯的东西则不然。如果不是经过一番努力，则是一件很困难的事。所以，不要祈求在几周或几个月的时间里就能养成一种好习惯。好习惯的养成是一个不断重复的行为过程，只有不断地继续下去，才能养成。

就谈到这里吧。祝你健康！

*永远挚爱你的父亲*

# 同坏习惯决裂

亚伯拉罕·林肯，美国前总统、杰出政治家。林肯的一生是在接踵不断的磨难中度过的。挫折是他生活的主旋律，抑郁是他的大敌。但林肯始终以乐观的态度面对一切，并顽强地生活着。马克思曾评价林肯是一个"不会被困难所吓倒，不会为成功所迷惑的人，他不屈不挠地迈向自己的伟大目标，而从不轻举妄动，他稳步向前，而从不倒退；……总之，他是一位达到了伟大境界而仍然保持自己优良品质的罕有的人物"。

林肯于1809年2月12日出生在肯塔基州哈丁县一个伐木工人的家庭，由于家境贫困，林肯一生中进学校的时间加在一起总共不到一年，但他勤奋好学，一有机会就向别人请教。他抓紧一切空闲时间刻苦自学，攻读历史、文学、哲学、法学等著作，获得了丰富的知识。他对政治产生了很大的兴趣并积极从事政治活动。1834年林肯当选为州议员，从此开始了他的政治生涯，并以"为争取自由和废除奴隶制而斗争"为其政治主张。1860年他当选为美国第十六任总统，南北内战爆发。战争初期，形势对北方军极为不利，林肯于1862年颁布了《宅地法》和《解放黑奴宣言》，次年又提出了"民有、民法、民享"的纲领性口号，从而使战争成为群众性的革命斗争，迅速扭转了战争局势，并最终取得了南北战争的胜利。他的威望得以提高，于1864再次当选总统。1865年4月，他被南方奴隶主派人暗杀。

## 美国前总统林肯致儿子的信

亲爱的儿子：

你知道不知道这样一个故事：亚里山德拉大图书馆被烧之后，只有一本书保存了下来，但这并不是一本很有价值的书，于是一个识得几个字的穷人用几个铜板买下了这本书。这本书的内容并不怎么有趣，但里面却有一个非常有趣的东西，那是窄窄的一条羊皮纸上面写着"点金石"的秘密。

点金石是一块小小的石子，它能将任何一种普通金属变成纯金。羊皮纸上的文字解释说，点金石就在黑海的海滩上，和成千上万与它看起来一模一样的小石子混在一起，但真正的点金石摸上去很温暖，而普通的石子摸上去是冰凉的。于是这个人变卖了他为数不多的财产，买了一些简单的装备，在黑海边扎起帐篷，开始翻捡那些石子。他知道，如果他捡起一块摸上去冰凉的普通石子就将其扔在地上，他就有可能几百次捡拾起同一块石子，所以当他摸着冰凉的石子的时候，就将它扔进大海里。他这样干了一整天，却没有捡到一块点金石。然后他又这样干了一个星期、一个月、一年、三年，但是他还是没有找到点金石。但他仍继续这样干下去：捡起一块石子，是凉的，将它扔进海里；又捡起另一块，若还是凉的，再把它扔进海里。但是有一天他捡起了一块石子，这块石子是温暖的……他仍把它随手扔进了海里。因为他已经形成了一种习惯，把他捡到的所有石子都扔进海里。他已经如此习惯于做扔石子的动作，以至于当他真正想要的那一个到来时，他也还是将其扔进了海里！

这个故事告诉我们一个浅显的道理，习惯有时会成为获取成功的障碍，让人们扔掉握在手里的机会——坏的习惯尤其如此。

如果人们能够在那个人的大脑和神经系统中看到他的习惯的发展轨迹，就会发现一条弯弯曲曲的小径，一开始就出现了，它带来了一些看似无关紧要的不良行为。正是这些行为直接导致那个人的结果。

一切专业教育和技术教育都基于这样的理论：如果神经系统对习惯的刺激变得越来越敏感，也就能越来越快地做出反应。人们总是容易忽视习惯形成的生理基础。对一个行为的每一次重复，都会增加人们再次实施它的几率。人们还发现自己的体内有一种神奇的机制，那就是倾向于不断的甚至是永久性的重复，而且这种倾向的灵活机敏性也随着重复次数的增加而不断地提高。最终的结果是，开始的行为，由于自然的条件反射，成了自动的行为，不再受大脑的控制。

通常，人们不懂得告诉那些性格扭曲的人：严峻的斗争仍然摆在他们面前，考验还远远没有结束，必须进行长期的、艰苦卓绝的战斗，以无比虔诚的心态和无比坚定的意志力来控制自己的行为，同过去的坏习惯决裂，才能为以后形成更好的习惯奠定坚实的基础。没有人告诉他们，无论他们付出多大的努力，在某些松懈的时刻，一些陈旧的开关仍然可能会被不小心打开，沉淀在心中的欲望仍然会决堤而出，而且很可能在他意识到这一问题之前，自己已经再一次屈服于旧习惯的诱惑了，尽管他已经下了千百次的决心要克服和抵制这种诱惑。

有人认为坏习惯可以轻而易举地克服，就姑息它，日久天长，坏习惯像锁链一样缠住了他，只有靠坚定的意志、反复做出正确的行为、经过一个艰苦的过程才能加以纠正。坏习惯就像一棵长弯的小树，人们不可能一下子把它弄直。要想纠正它，人们可以搬来两块大石头，夹住它，用绳子捆紧。它不是一朝一夕能纠正的，这需要几个月，甚至一两年。

"怎样才能改变一个习惯？"惟一的答案是：当初怎么养成这个习惯的，现在就怎么来克服它。倘若以前是一步步堕入了恶习，现在就一步步走出泥淖。倘若以前是屈服于诱惑，现在就坚定地拒绝它。

儿子，凡是渴望成功的人，都应该对自己平时的习惯做深刻的检讨，把那些妨碍成功的恶习一一找出来，如举止慌乱、急躁不安、萎靡不振、言语尖刻、不守时、马马虎虎等，你要勇于承认自己身上的不良习惯，不要找借口搪塞。把它们记下来，对照它们引起的错误，想想今后应该怎么做。若能持之以恒地纠正它们，改正了过去的不良习惯，就一定会有巨大的收获。

爸爸相信你一定能做得很好！


**思念你的父亲**

# 挫折的力量

　　亨利·艾尔弗雷德·基辛格，美国前国务卿、著名的外交家、杰出的政治家、现实主义理论家。1973年获诺贝尔和平奖。1977年被授予美国总统自由勋章。基辛格是美国历史上第一个原籍非美国人的国务卿，美国战后第一个犹太人出身的国务卿，第一个兼任总统国家安全事务助理的国务卿。

　　基辛格1923年5月27日生于德国费尔特市。从1930年开始，希特勒的反犹活动越演越烈，作为犹太人的基辛格全家不得不迁往美国纽约，因而躲过了后来许多犹太人遭受的灭顶之灾。基辛格的父母都是知识分子，很重视对子女的教育。基辛格先在乔治华盛顿中学上学，第二次世界大战开始后，他于1943年入伍，同年加入美国国籍。退役后，基辛格进入哈佛大学埋头苦读，学习国际关系和国内政治。毕业后，留在哈佛文理学院任助教。1950年转至哈佛国际事务研究中心，不久即任执行主任。1954年获博士学位，其博士论文后以《重建的世界》为题，出版成书。1957年担任讲师，1959年成为副教授，1962年晋升为教授。他开设的课程中，"国际政治原理"、"美国外交的政策与政策问题"两门课充满"热情和智慧"，深受学生欢迎。在哈佛的20年"磨炼"，为基辛格日后"发迹"打下了坚实的基础。

1955年3月8日基辛格被推荐到对外关系协会任职，这个职位成为他一生的转折点。1957年，基辛格出版《核武器与对外政策》一书，成为美国战略政策的主要权威及国际闻名的国际战略家。1960年，肯尼迪总统上任后，任命基辛格担任政治顾问。1969年，尼克松总统又任命他为国家安全委员会顾问，成为尼克松政府决策层中的关键人物，并在中美建交中发挥了重要作用。

鉴于基辛格的重要作用，1973年月，尼克松任命基辛格为国务卿。卡特总统上台后，基辛格辞去国务卿一职，但马上被聘为乔治敦大学的教授，还兼任全国广播公司的顾问以及大通曼哈顿银行的国际顾问委员会主席，继续发挥着政治影响。

## 基辛格致儿子的信

亲爱的孩子：

你的来信中提到对挫折的看法，其基本点我是赞同的。不过我仍觉得你对挫折的看法深度不够。爸爸想陆续给你写信，深入探讨关于挫折的问题。

先从一个真实的故事谈起吧。英国物理学家威廉·汤姆逊领导建造了世界上第一条大西洋海底电缆，只过了一个半月就损坏了。经过7年准备后又开始铺设第二条电缆。但电缆铺设到中途，突然折断。电缆公司已耗资数十万英镑，付出了9年时间的代价！把钱扔进大西洋。只有傻瓜才会再干！但汤姆逊极力说服总经理再当一次"傻瓜"，结果成功了。汤姆逊晚年时说："有两个字最能代表我50年内在科学进步上的奋斗，这就是挫折。"

挫折或失败是一种客观存在，或者可以说，挫折正反映了生命的本质。没有挫折的人生，即使存在，也是不值得称道的，何况它并不存在。相反，正因为世上有缺陷我们才追求完美，有苦难我们才追求幸福，有死亡我们才感到生命无比珍贵，无比美好。每一位事业上的成功者，如果他在取得成就、获得荣誉的时刻回首往事的话，他感受最深刻的往往不是成功的滋味，而是失败的体验。不同的人感受挫折的心理机制也多不相同。被某人视为痛不欲生的挫折，很可能另一个人会仅仅付之一笑，或根本不认为是挫折。

事实上，人们经常挂在嘴边的挫折二字，其内在含义并非完全一致。从身心角度而言，我们可以将挫折大致分为两类：一类是生理上的苦难，如疾病的侵扰、身体遭受意外的变故和打击。另一类是心理上的打击，如幼年丧父，中年丧妻，老年丧子，这是任何人都难以忍受的心理打击。事实上这两种挫折往往会在某人身上合二为一：生理上的巨大不幸不可能不使心理受到连累，而心理上遭受的打击同样会以一夜黑发变白的形式使人形容枯槁。

从挫折产生的原因来划分，挫折可以分为4类：第一类，不可预测的灾难。如染上一种奇特的疾病，被当代科学界公认为牛顿、爱因斯坦的继承者，英国天文学家史蒂芬·霍金就是一例。再如正当盛年的法国物理学家居里夫人，其丈夫因车祸而丧生。这些来自外界的骤然打击，对于身受者，都只能理解为一次飞来横祸。这样的挫折是最令人难以承受的磨难，没有挽回的余地。

第二类，好高骛远的后果。与不可预测的灾难正相反，这是一种自作自受的挫折。在条件不具备、时机不成熟的时候，盲目冒进，急功近利，结果在前进的过程中摔了个大跟斗。旁观者往往会轻率地说一声"活该"，对当事者而言，则也实在算得上一种挫折。

第三类，前进或成长过程中的自然苦痛。有人说，"没有哭过长夜的人，不足以语人生。"苦痛是挫折，这是与生命本身相伴随的挫折，任何人都无法幸免，而一旦逾越了这种挫折也就最大限度地走向了成功。走过去，前面是片蓝天。当巴尔扎克决心写出反映整个法国生活的史诗性作品《人间喜剧》，当莱特兄弟决定造出第一架飞机，随之而来的挫折几乎不可避免。在这个意义上，挫折反而成为成功的试金石。

第四类，由生理或心理上的弱不禁风导致的"小病大呻吟"。从纯粹挫折的角度来看，这类挫折几乎可以被判定为"伪挫折"，因为这样的挫折很可能会被另一个身心更加健康的强悍的人完全置之度外。然而它在我们的生活中较为普遍。一个重量级拳击手通常总有相当的肉体抗击打能力，如果他在比赛进行了几十秒钟就倒地不起，那肯定是心理上的原因在作祟。类似的挫折源于意志的软弱。所以，挫折体验无论在生活、学习、工作中都随时会出现。特别在青少年阶段，人人都充满着玫瑰色的幻想和美好的憧憬，有哪一位青少年不希望自己有出息，前程似锦？但是，现实生活往往事与愿违，或不完全如所愿，这样，挫折就会成为"贴身伙伴"。

儿子，如果你明白了这一点，就不会因遇到一时的困难、挫折、失意而感到彷徨、悲哀和自怨自艾了。青少年时期是充满心理冲突的高峰期。此时，失败感最强，挫折感尤烈。而当你步入社会，只要你有所追求，挫折常会伴随着你，成为你人生中的最深刻体验。每一次挫折就是一次考验，只要你是一颗有生命力的种子，那么不管经历多少艰难险阻，终究是会有发芽、成长、成熟的一天的。

当挫折来临之际，有的人惊慌失措，有的人沮丧不安，还有的人束手无策。这都是正常的反应。问题是，不能始终处在这类状态中。要获得成功，就必须冷静地分析遭受挫折的原因，对症下药，从而走出挫折的阴影。导致挫折的原因来自方方面面，有自然环境的，有社会环境的，当然还有个人自己的原因。来自环境的客观原因一般不是凭个人的力量可以控制的。你所要做的主要是从自身出发，做出努力，或弥补环境引起的缺陷，或克服自己本来的一些弱点。

可是有许多人遇到失败或挫折后，尽管也在寻找其中症结在何处，但得出的结论往往是把种种责任推卸在一些外在原因或他人的头上，自己不敢或不愿承担应有的责任。这样，为挫折寻找原因实际变成了为自己找借口。

其实，失败与挫折产生的最根本的原因仍然是自己。这有点像墙上的电灯开关，拉动开关本身并不一定使灯泡发亮，然而，如果开关和电灯间的线路准确无误，假如此时又通了电，那么拉动开关就会使电流接通，使灯泡发亮。如果不想让灯泡亮，自己完全可以改变线路，或拧下灯泡，再不然使他人够不着开关。

以此类推，有些人往往把自己的情绪连接在别人会轻而易举并且很容易将之拉动的开关上。要改变这种现象，就要重新安装自己的情感变化的线路和开关。事实上，一个人的情感是由自己对某一情境的思考方式而不是情境本身所引起的。因此，应该对自己的情感承担责任，并对自己的失败负责。

儿子，对自己所做的一切负责，尤其是对失败负责，应当敢做敢当，勇于承认自己的错误。承认自己的错误不是一件容易的事情，之所以有的人一旦犯了错误，总要列出一万个理由来掩盖自己的过失，无非是"面子"在作怪，以为一旦承认自己的错误就伤了自尊，丢了面子。这种做法，无异于制造更多的错误，来保护第一个错误真可谓错上加错。

名作家罗威尔曾说："人生中不幸的事如同一把刀，它可以为我们所用，也可以把我们割伤。那要看你握住的是刀刃还是刀柄。"遇到挫折时，如果握着"刀刃"，就会割到手；但是如果握住"刀柄"，就可以用来切东西。要准确握住刀柄并不容易，但还是可以做得到的。这其中有很多技巧和方法。而实行它们的前提是敢做敢当，不逃避问题，在失败和挫折中找到自己的那份责任。

亲爱的儿子，你对挫折、困难、失败有所认识了吧。它是我们生命中的一个组成部分，因此你要正视它，分析它属于哪种类型，是由什么原因造成的，之后勇敢地去挑战它。最后，送你一句话：要勇于笑傲人间挫折！

祝你快乐！

*爱你的父亲*

# 宽容的力量

詹姆斯·乔治·弗雷泽，英国著名的民俗学家、人类学家，宗教史学家，认为"巫术先于宗教"的第一人，一生至为勤奋，著述颇丰。人们评价他说："将来后代评价我们这一代人的工作时，只要开出詹姆斯·弗雷泽的著作目录来，就足以驳回关于我们无能的指责。"

1854年弗雷泽出生于英国的格拉斯哥。15岁入格拉斯哥大学学习，后于1874年进入剑桥大学三一学院。1890年完成了他的影响深远的12卷巨著《金枝》。后又转向民俗学的研究，1910年发表了《图腾崇拜与族外婚》。53岁时应聘到利物浦大学，担任社会人类学教授。1918年他发表了从人类学和民俗学角度来研究《圣经》的著作《旧约中的民间传说》。后来他又回到剑桥大学任教，一直到1941年去世。

在弗雷泽的众多著作当中，《金枝》一书最为知名，它是一本关于巫术、宗教和科学对于人类思想发展的重要性的研究论著，此书使他在世界学术界获得了崇高声誉。弗雷泽是一位知识极其渊博的学者。他从巫术到宗教再到科学的发展角度来研究人类文化的发展史，启发了后来的研究者。

## 弗雷泽致儿子的信

亲爱的儿子：

在这封信里，我想就你谈到的宽容问题和你交流一下看法。我认为一个人是否具有"豁达大度"的宽容心并非小事。它不但关系到自己的工作、学习乃至自己的生命和健康，而且关系到事业的兴衰与成败。

宽容是对那些在意见、习惯和信仰方面与自己不同的人，表现出耐心和光明正大态度的一种气质。敞开心胸接受新观念和新资讯，并非只是为了使自己的个性更有魅力。虽然宽容和机智有着密切的关系，但宽容比机智更难辨认，并且抓住对自己有利的事物，你或许无法学到所接触到的所有新观念。但是，你可以研究并尝试去了解它。

无宽容之心，会为人带来下列不利的情况：使原本愿意和你做朋友的人变成敌人，由于不愿求取新知而阻碍了心智的发展，阻碍想象力的发展，不利于自律工夫的培养，妨碍正确的思考和推理。

一个人越缺乏宽容之心，就会越封闭自己，因而无法接触到多样的社会现象，以及思想的精神层面。反之，只有乐于接受新的观念，才能使思想的精神面不断茁壮发展。做有包容心的人需要胸襟开阔。胸襟是否开阔也是衡量一个人能否成大事的重要标准。胸襟狭小的人只能看到蝇头小利和眼前利益；胸襟开阔的人往往眼光高远，不计小利，以大局为重。

一个人的胸襟如果足够开阔，那么他所做的事情和他的做人原则一定是很有特点的。做人，就应该养成这种良好品德。有积极心态的人不会把时间花在一些小事情上，小事情会使人偏离自己本来的主要目标和重要事项。如果一个人对一件无足轻重的小事情做出反应，这种偏离就产生了。

一个能够开创一番事业的人，一定是一个心胸开阔的人。人要成大事，就一定要有开阔的胸怀。只有养成了坦然面对、包容一些人和事的习惯，才会在将来取得事业上的成功与辉煌。

有很多人因为性格孤僻或者没有吸引他人的能力，而导致无缘享受友谊之乐，以致丧失了许多单纯的生命之欢愉，成为孤独、不合群的人，他们曾经发出强烈的呼声："唉！我真希望，我能吸引一些朋友；我真希望，我能成为一个受人欢迎、为人所乐于接受的人啊！"但是他们不知道要实现这种愿望其道非难；不过实现之道，惟在于自己的包容心，而单纯地求助于他人是行不通的。

一个只肯为自己打算盘的人，到处受人鄙弃。其实，他完全可以将自己化作一块磁石，来吸引他所愿意吸引的任何人物到他的身旁。只要他能在日常生活中，处处表现出博爱与善意的精神，以及乐于助人、愿意帮忙的态度。大家都喜欢胸怀宽大的人。假使一个人打算多交些朋友，首先要宽宏大量。应该常去说别人的好话，常去注意别人的好处，不要把别人的坏处放在心上。如果常常对别人吹毛求疵；对于别人行为上的失误，常常冷嘲热讽，你该留意，这样的人大多是危险的人物，这样的人往往不太可靠。

具有宽大心胸的人，看出他人的好处比看出他人的坏处更快。反之，心胸狭隘的人目光所及都是过失、缺陷甚至罪恶。轻视与嫉妒他人的人，心胸是狭隘的、不健全的。这种人从来不会看到或承认别人的好处。而胸襟开阔的人，即使憎恨他人时也会竭力发现对方的长处，并由此来包容对方。

有的人遇事想不开，甚至为芝麻粒那么大点事也吃不好饭、睡不好觉，自己折磨自己。也有的人觉得谦让"吃亏"、"窝囊"，因而在非原则矛盾面前总以强硬的态度出现，甚至大动干戈，结果非但使矛盾不能缓解，而且丢了自己的人格。因而，每一个人都应培养自己"豁达大度"的美德。

多一分宽容，就多一分快乐，多一分宽容，也就多一分真诚。儿子，在人际交往中，保持宽大的胸怀，全面展现自身的交友素质，这样你就会获得朋友，以在人生事业上助你一臂之力。

交友并非一厢情愿，而是相互理解、相互宽容。对方让一分，自己让十分，滴水之恩，当涌泉相报。当然这一点在实际中做起来非常不易，它对人的素质提出了较高的要求。不具备这种素质或是不能展现自身素质的人都做不到这一点。对方给予了，自己却不能付出，这样当然也不会结成好朋友。

法国大作家雨果说得好："世界上最宽阔的东西是海洋，比海洋更宽阔的是天空，比天空更宽阔的是人的胸怀"。让我们都来做一个具有大度能容、和以处众的人吧！

深爱你的父亲

# 尊重的力量

　　玛格丽特·杜拉斯，法国当代最著名的女小说家、剧作家和电影艺术家。1914年4月4日出生在越南嘉定，父母都是小学教师。16岁时结识了她第一个也是终生难忘的中国情人。18岁时杜拉斯来到巴黎求学，获巴黎大学法学学士和政治学学士学位。

　　1943年杜拉斯以小说《厚颜无耻之辈》开始了文学生涯。杜拉斯在戏剧和电影方面同样成就卓著，分别在1965年、1968年和1984年出版了三部戏剧集，在1983年还获得了法兰西学院的戏剧大奖。作为法国重要的电影流派"左岸派"的成员，她不仅写出了《广岛之恋》、《长别离》等出色的电影剧本，而且从1965年起还亲自担任导演。从创作优秀影片《印度之歌》（1974年）开始，每年都有一两部影片问世，而且有不少获得了国际大奖。杜拉斯的六十余种小说诗歌文学作品始终拥有广泛的读者和观众，其中最著名的是杜拉斯在70岁时发表的小说《情人》（1984年）。《情人》获得了龚古尔文学奖，并被译成40多种文字，使她成为最负盛名的法语作家之一。

　　在20世纪50年代末，杜拉斯把她的小说《太平洋大堤》改编成影片，用所得的稿酬在巴黎郊外的乡村里购买了一幢用石块建成的老房子，在这里生活了50年之久，直到1996年3月3日82岁时去世。

　　让·马斯科罗是杜拉斯唯一的儿子，他们一起生活了49年，他们之间的感情很深。他认为母亲一生留给他的最重要的东西，就是决不屈服的性格，是她教会了他热爱自由，遇到任何事情永不绝望。这是他一生最大的财富。

　　有一位作家说："民族之间的较量，实质上就是母亲之间的较量。"母亲对子女的爱，没有办法用天平和温度计去测量，甚至连它的样子也没法去描述。但来自母亲的力量是如此的平凡，又是如此的伟大，它发出的光芒是耀眼的，并震撼着整个世界。

　　在一个对美国400多位成功企业家的调查中，超过3/4的人承认，母亲在他们早年生活中的影响巨大。

　　更有许多优秀的企业家都成长于女性单亲家庭。例如，Mesa石油公司的总裁布恩·皮金斯、假日酒店的总裁克曼·威尔逊和联邦捷运公司的总裁弗莱德·史密斯等。

　　在多数个案中，单亲家庭起因于父亲过早离世。死去的父亲受到崇敬，但儿子在很小的时候就成为母亲的"强壮的男子汉"。这类家庭中的孩子懂事早，更重要的是他知道他的生活中没有保护伞。

　　父亲不在身边的另一些原因，可能是父母离婚或父亲因职业需要常年在外奔波。这些家庭同父亲早逝的家庭类似，执著、有韧性、坚强的母亲培养了未来的企业家，她帮助孩子树立了为帮助母亲就必须努力学习和工作、为让母亲感到自豪就要在事业上获得成功的观念。

教育孩子，母亲的作用不言而喻，我们也来听听，孩子喜欢什么样的妈妈呢?

喜欢就事论事，讲道理的妈妈；不喜欢遇事新账老账一起算的蛮不讲理的妈妈。

喜欢尊重孩子意见的妈妈；不喜欢强调大人怎么说孩子就非得怎么做的妈妈。

喜欢对爷爷奶奶孝敬的妈妈；不喜欢对爷爷奶奶态度不好的妈妈。

喜欢勤劳的妈妈；不喜欢懒惰的妈妈。

喜欢勤学好问有知识的妈妈；不喜欢不学知识，爱指手画脚的妈妈。

喜欢有耐心的妈妈；不喜欢脾气暴躁的妈妈。

喜欢言行一致的妈妈；不喜欢对别人说的是一套，而自己做的是另一套的妈妈。

喜欢把孩子当作宝贝的妈妈；不喜欢整天认为孩子是包袱的妈妈。

喜欢待人和气大方的妈妈；不喜欢对人恶言冷语的妈妈。

喜欢能使家庭和睦的妈妈；不喜欢成天和爸爸吵架打闹的妈妈。

喜欢家庭责任感强的妈妈；不喜欢成天泡舞厅或打麻将的妈妈。

喜欢勤俭持家的妈妈；不喜欢不顾家人，只顾打扮自己的妈妈。

喜欢心情开朗的妈妈；不喜欢时常赌气，卧床不起，不吃不喝的妈妈。

诚然，每一位妈妈都是普通人，需要别人的理解和谅解，但是每一位做妈妈的更应该清楚：在科学地关心、教育好自己孩子的同时，还要不断地完善自己，做一位孩子喜欢的、符合时代需要的好妈妈。那么，什么样的母亲才算"合格的母亲"呢？

教育专家给我们的母亲这样的答案：

1. 我们要站在孩子的立场上，理解孩子，做一位开明的母亲。当孩子遇到问题时，应该让他自己去解决自己的问题。

2. 有意识地让孩子了解母亲的弱点，彼此平等相待，保持比较自然的母子（或母女）关系。当母亲出错时也能得到子女的谅解，并应勇于向孩子认错。

3. 孩子一天天在长大，总有一天要飞走，家长对感情上的"空巢期"要做好心理准备。"空巢期"引起的家庭秩序的混乱、精神上的困惑甚至不亚于更年期。母亲在为孩子付出的同时也要保持自己的个性，这一点也很重要。

## 杜拉斯致儿子的信

亲爱的迈克：

在生活和学习中，有一点你不应忽视，那就是尊重。尊重每一个人，是在日常交际中一项十分重要的做人原则。没有尊重的交往是不可能持续下去的。只有相互尊重，才能相互认可，体验对方的心情，让对方乐于接受。

一些惟我独尊的人往往认为"惟我独尊"才是伟人或领袖们所独有的，它是充满自信的表现。然而，事实是，那些伟人们之所以会赢得别人的尊敬，并不是因为"惟我独尊"，而是因为他们能够尊重每一个人。

自尊心是每一个人都拥有的，无论他是高高在上的国王，还是沿街乞讨的流浪汉。然而，在与人交往时，我们往往过分强调自己的自尊心，而忽略了别人的自尊心。没有人愿意被别人伤及自尊，人们总是希望得到肯定和赞美。许多人自己看着不顺眼就想指责别人，别人一有失误就抓住"把柄"加以"发挥"。殊不知，这样往往伤害了别人的自尊心。

要做到尊重每一个人，最关键的就在于尊重差异。要重视不同个体的不同心理、情绪与智能。教育家李维斯所著的寓言故事《动物学校》就对不同个体的差异性做了很好的阐述：

有一天，动物们决定设立学校，教育下一代应付未来的挑战。校方所设定的课程包括飞行、跑步、游泳及爬树等本领，为方便管理，所有的动物一律要修完全部课程。鸭子游泳技术一流，飞行课成绩也不错，可是跑步就无技可施了。为了弥补这一缺陷，它只好在课余加强练习，甚至放弃游泳课来练跑。到最后磨坏了脚掌，游泳成绩也变得平庸。校方可以接受平庸的成绩，只有鸭子自己深感不值。兔子在跑步课上名列前茅，可是对游泳一筹莫展，甚至精神崩溃。松鼠爬树最拿手，可是飞行课的老师一定要它从地面起飞，不准它从树顶上降落。弄得它神经紧张，肌肉抽搐。最后爬树得了丙，跑步更只有丁等。老鹰是个问题儿童，必须严加管教。在爬树课上，它第一个到达树顶，可是它坚持用最拿手的方式，而不理会老师的要求。

结果，到学期结束时，一条怪异的鳗鱼以高超的泳技，加上勉强能飞能跑能爬的成绩，反而获得了平均最高分，并代表了毕业班致词。

看了这个寓言故事，你也许会觉得很好笑。然而，有些人也在无意识地这样做，他希望淡化差异，别人最好能变得和自己一样。

正如世界上不可能存在两片完全相同的树叶一样，世界上也不可能存在完全相同的两个人。既然你能尊重某些人，为什么不能尊重每一个人呢？每一个人都有其自身的优点，值得去发掘、去学习，更值得去尊重。

你对别人感兴趣，就是在别人对你感兴趣的时候。要想到处受人欢迎，就应该记住下面这一条黄金法则：真心诚意地关心别人，尊重每一个人。

希望你能从尊重别人中得到快乐！


深爱你的母亲

# 勤奋的力量

爱因斯坦说："在天才与勤奋之间，我毫不迟疑地选择勤奋，她几乎是世界上一切成就的催产婆。"居里夫人说："懒惰和愚蠢在一起，勤奋和成功在一起，消沉和失败在一起，毅力和顺利在一起。"

在美国，家庭教育是以培养孩子富有开拓精神、能够成为一个自食其力的人为出发点的。父母从孩子小时候就让他们认识劳动的价值，让孩子自己动手修理、装配摩托车，到外边参加劳动。即使是富家子弟，也要自谋生路。美国的中学生有句口号："要花钱自己挣！"农民家庭要孩子分担家里的割草、粉刷房屋、简单木工修理等活计。此外，还要外出当杂工，出卖体力，如夏天替人推割草机，冬天帮人铲雪，秋天帮人扫落叶等。

在日本，在孩子很小的时候，就给他们灌输一种思想："不给别人添麻烦"。并在日常生活中注意培养孩子的自理能力和自强精神。全家人外出旅行，不论多么小的孩子，都要无一例外地背一个小背包。要问为什么？父母说："这是他们自己的东西，应该自己来背。"上学以后，许多学生都要在课余时间，在外边参加劳动挣钱。大学生中勤工俭学的非常普遍，就连有钱人家的子弟也不例外。他们靠在饭店端盘子、洗碗，在商店售货，照顾老人，做家庭教师等挣自己的学费。

在瑞士，父母为子不让孩了成为无能之辈，从小就着力培养孩子自食其力的精神。譬如，十六七岁的姑娘，从初中一毕业就去一家有教养的人家当一年左右的女佣人，上午劳动，下午上学。这样做，一方面可以锻炼劳动能力，寻求独立谋生之道；另一方面还有利于学习语言。因为瑞士有讲德语的地区，也有讲法语的地区，所以一个语言地区的姑娘通常到另外一个语言地区的人家当佣人。其中也有相当多的人还要到英国学习英语，办法同样是边当佣人边学习语言。掌握了三门语言后，就去办事处、银行或商店就职。长期依靠父母过寄生生活的人，被认为是没有出息或可耻的。

在原西德，从小就培养孩子自己的事情自己做，家长从不包办代替。法律还规定，孩子到14岁就要在家里承担一些义务，比如要替全家人擦皮鞋等。这样做，不仅是为了培养孩子的劳动能力，也有利于培养孩子的社会义务感。

一个勤奋的人所能够取得的成就必然比其他人要多。因此，父母要注重培养孩子勤奋的习惯。

## 通过劳动促使孩子勤奋

勤奋不仅表现在学习，更表现在工作和劳动上。当孩子走上社会后，他的勤奋就直接表现在工作中。因此，父母要有从小就通过劳动来培养孩子勤奋工作的好习惯。比如，培养孩子做家务的习惯。在家庭中设立劳动付费项目，如拖地1角、收拾自己的房间5角、洗碗1元等。同时，告诉孩子要零花钱就得通过自己的劳动去挣，如果孩子想要更多的零花钱，他就得通过自己勤劳的双手去干活。这样做的目的就是让孩子懂得，只有努力干活才可以有收获，懒惰的人是什么也得不到的。这样，等孩子长大后，他就能够勤奋地工作了。

## 用立志激励孩子勤奋

俗话说："有志者事竟成。"如果孩子树立了远大的志向，他就能够用这个志向去激励自己勤奋，从而实现自己的志向。在现实生活中，每一个父母要及时发现孩子的志向，帮助孩子明确自己的志向，然后指导孩子树立志向，并向着志向而不断努力。

李嘉诚从小就树立了做船长的意识，并向着这个目标而不断努力。虽然，他最终没有做成船长，但是，他一直以船长的意识去经营他的公司和人生。他喜欢把自己的人生比做一条船，喜欢把自己的李氏王国比作一条船。他曾经自豪地说："我就是船长，我就是这条航行在波峰浪谷中的船的船长。"

## 引导孩子勤奋学习的习惯

孩子的意志和毅力总是不如成人，为了让孩子养成勤奋学习的习惯，父母要有步骤地引导孩子。循循善诱要注意几个问题：一是注意培养孩子在学习方面的基本功，比如一定的知识面；二是要注意适时教育，引导孩子勤奋学习要抓住孩子有学习欲望的时候；三是要注意适量，孩子毕竟是孩子，不要以成人的标准去要求孩子，不能越过孩子所能承受的范围；四是父母态度要平和，引导孩子勤奋学习应该怀有一种平常心，不要急于求成，否则效果会适得其反。

## 杜拉斯致儿子的信

亲爱的孩子：

有些人对天才的理解是幼稚与错误的。他们以为天才不需要勤奋与苦干就能做出惊天动地的大事，于是，觉得只要自己也是天才的话，不费吹灰之力就会成为伟人。他们认为，天才不需要刻苦学习，在不经意中就能取得巨大成绩；或者为生活所迫，才偶尔拿起笔来挥舞一番，只要生活境况稍一改善，就重新贪图享乐起来；或者作息毫无规律，要么到处游荡，要么在火炉边胡思乱想。他们甚至认为，天才生来就对规则和体制深恶痛绝，反对束缚，要求"潇洒自如"，对小细节、辛勤劳动不屑一顾；只要轻松一跃，成功就唾手可得。这是对天才的亵渎。听听人们心目中的天才是怎么认识天才的吧，这对你正确理解天才的含义是会有所帮助的。名扬世界的英国画家雷诺兹对天才是怎样认识的呢？他认为："天才除了全身心地专注于自己的目标，进行忘我的工作以外，与常人无异。"

一位著名法国作家是这样描绘米开朗基罗的："我见过米开朗基罗，他60岁的时候身体已不是那么强壮了，但他仍然在大理石上飞快地挥舞刻刀，弄得石头的碎屑四处飞溅，他一刻钟干的活比3个棒小伙一小时干的都多。没有亲眼见过的人简直难以置信，他工作起来真是精力充沛、生龙活虎，让人担心他会把石头劈碎，他的每一刀都会劈下三四指厚的碎片。很多人知道，做雕刻工作就怕分寸把握不好，有时多削一根头发的厚度都不行，在一般人眼里，米开朗基罗的做法可真够悬的，他手里是一块石头，又不是可以修修补补的泥巴或石膏。"

而米开朗基罗这样评价同时代的天才拉斐尔："他是有史以来最杰出的人物之一，他的成就更多得益于他的勤奋而不是他的天才。"当有人问拉斐尔怎么能创造出那么多奇迹般的作品时，拉斐尔回答说："我很小就养成了一个习惯从不忽视任何事情。"这位艺术家去世的时候，整个罗马都为之悲痛，罗马教皇利奥十世更是痛哭流涕。拉斐尔终年38岁，留下287幅绘画作品、500多张素描，每一幅都价值连城。对那些懒惰散漫、游手好闲的年轻人来说，这是个多好的榜样啊！

写出一篇表现出很高构思技巧的文章，画了一幅一挥而就的图画，作了一次即兴发挥的精彩演说，或者是经商过程中偶尔的出色表现，都会让人们津津乐道，只要他不再犯什么大错，时间一长，就会在人们的"以讹传讹"之中，把自己推向顶点。抱有这种思想的人只是有着成就一番大事的期望与雄心，期望在某一个特殊时刻，一夜成名，震惊世界，但他们从来就无视尽心尽力工作的作用，也没有对工作坚持不懈的信念，更不理解经年累月的辛勤劳作可以创造出奇迹。

比彻曾经说："就我所知，在任何知识领域，从来没有哪一本书、哪一种文学作品，或者哪一种艺术流派，没有经过长期艰苦的创作就获得流芳百世的名声。天才需要勤奋，就像勤奋成就天才一样。"哥尔德·史密斯觉得一天写出四行诗就很不错了，他甚至用了许多年时间才写出了《荒村》这样出色的作品。他说："一个人如果养成一种持之以恒的写作习惯，那么他思想的缜密程度、写作方式的成熟程度，是那些零星写作的人永远不可能达到的，即使那些人本身的天赋比他高出十倍。""伟大的作品来自天才的灵感，"法国道德学家儒贝尔说，"但是，只有辛勤的工作才能把它变成现实。"另外一位英籍荷兰著名画家阿尔玛·埃德马说："没有艰辛就没有成就。如果你想取得成功，除了努力工作外别无他途。"

关于成功，牛顿是怎么说的呢？他说："如果说我为人类做出了贡献的话，这些成绩的取得归功于我的勤奋工作和耐心思考。"当有人称爱迪生是个"天才"时，他却解释说："天才就是百分之一的灵感加上百分之九十九的汗水。"爱迪生从来没有一天是无所事事地度过的，他在应该睡觉的时候读书。他不喜欢看小说或者惊险刺激的西部故事，他看机械、化学、电工方面的书，也熟练掌握了这些知识。在工作之余，他尽可能抽出时间读书。他非常注意培养自己敏锐的观察力。所以，除了睡觉，他一直在学习。著名的发明家亚历山大·汉密尔顿说："有时候人们觉得我的成功是因为天赋，但据我所知，所谓的天赋不过就是努力工作而已。"

儿子，如果你愿意，你可以崇拜那些天才，也可以用敬畏的目光注视着人们心目中的天才偶像，钦佩他们的丰功伟绩。但要切记：并不是一颗多愁善感的心加上丰富的想象力就可以使你成为莎士比亚。而是勤奋写作和坚持不懈地探索，才成就了莎士比亚，他的天才只是体现在自己的作品中。

儿子，无论一个人有多高的天赋，如果不勤奋实干是不会取得成就的。

愿你勤奋地攀登！

永远爱你的母亲

# 自信的力量

戴维·赫伯特·劳伦斯，英国著名诗人、小说家、散文家，20世纪英国最独特和最有争议的作家，被称为"英国文学史上最伟大的人物之一"。

劳伦斯1885年9月11日出生于英国诺丁汉郡，父亲是一位矿工，母亲莉迪亚则是一位经过良好教育的女子，读过很多书和诗歌，崇尚思想，喜欢和有教养的男人讨论宗教以及哲学、政治等问题。在这样一个十分不和谐的家庭里，母亲把全部的爱都给了他，但同时也控制了他，这种畸形的爱造成他人格发展的失衡。1901年他中学毕业后，当了3年教师。21岁入诺丁汉大学学习，次年开始创作。毕业后继续教书。

在执教期间，劳伦斯的一些诗作引起了《英国评论》的编辑福特·马多克斯·休佛的注意。劳伦斯的短篇小说《菊花香》就发表在这本杂志上，并在伦敦引起了反响，于是劳伦斯开始了他的作家生涯。1910年，劳伦斯出版了他的第一部长篇小说《白孔雀》。

1910年母亲去世，劳伦斯受到很大打击，之后创作了《儿子和情人》。1912年他与一位教授夫人私奔到德国，开始了创作的重要时期。1914年他们回国结婚。第一次世界大战爆发，虽深受战争苦难，但他仍然坚持创作。战后他们离开英国，在外漂泊11年。1926年他们定居意大利，过起安稳的日子。1930年3月2日病逝。

劳伦斯的小说语言优美，气势恢宏，其创作受弗洛伊德精神分析法的影响，对家庭、婚姻和性进行了细致入微的探索。其中对于情爱的深入描写，一度引发极大的轰动与争议，对20世纪的小说写作产生了广泛影响。

在近20年的创作生涯中，这位不朽的文学大师为世人留下了十多部小说、三本游记、三本短篇小说集、数本诗集、散文集、书信集。小说代表作有《恋爱中的女人》、《查泰莱夫人的情人》、《虹》、《儿子与情人》等。其中，《虹》与《恋爱中的女人》以非凡的热情与深度，探索了有关恋爱的问题，代表了劳伦斯小说创作的最高成就。

劳伦斯生前曾抱怨，三百年内无人能理解他的作品。但从20世纪60年代其作品开禁之后，他立即成为人们最熟悉与喜爱的著名作家之一。

## 劳伦斯致儿子的信

亲爱的孩子：

你来信说对自己是否参加一项雪域探险活动犹豫不决，显然你对此缺乏自信，是怀疑自己的能力所致。所以，我给你写了这封谈自信问题的信，希望对你有所帮助。

自信是一把神奇的钥匙。它能替每一个人打开人生的幸福之门。具有自信是人走向成功的第一要素。只有树立了自信心，才相当于向成功的大门迈入了第一步。有了它，才能激发人的进取勇气，最大限度地挖掘自身的潜力，做成以前不敢想也不敢做的事，从而感受到挑战的激情，人生的快乐。

每一个人都存在巨大的潜力。科学的发展已经证明：正常人只运用了自身潜力的2%—5% 。也就是说，最成功的人也只运用了自身潜力的5%。俄国学者做过一个形象的比喻：一个正常人如果发挥了自身潜藏能力的一半，那么他将掌握40多种外语，学完几十门大学的课程，可以将叠起来几人厚的世界百科全书，背得滚瓜烂熟。既然每个人都有如此巨大的潜力，那我们为什么不能相信自己，相信自己必将有所作为呢？

美国最著名的人本主义心理学家马斯洛认为：自我实现的需要是人类最高层次的需要。正如人需要空气、阳光，人也需要发挥自己的潜能而自信正是挖掘内在潜力的最佳法宝。如果一个人能顽强地相信自己，那么才敢于奋力追求实现自身价值，才敢于去干事，也才会激发自己的潜能。一个人生活中的许多问题、困难，实际上，正来源于他信心不足；一旦获得了信心，许多问题就将迎刃而解。因为自信能使人保持最佳状态，从而有助于激发人的潜能。

自信是一种美妙的生活态度。一位成功者说："以前当我一事无成时，我怀疑我的能力，被自卑感所打倒，于是我觉得生活痛苦、黯淡无光；后来我取得了一些成就，恢复了对自己的信心，于是思想上也变得乐观、豁达，从而我的生活也随之变得美好了。我想即使我再遇到新的打击或者说失败了，我为什么不仍然保持自信呢，因为只有这样，才使得失败只是一个偶然的挫折而已，而不会影响到我的人生快乐。"

　　孩子啊，自信是根魔棒，一旦你真正建立了自信，你将发现你整个人都会为之改观，气质会更优秀，能力会更强，随之你的生活态度也将变得更乐观。建立顽强的自信吧，这样你会感觉自己驾驭生活能力的强劲，从而对生活充满乐观，你的人生也会因此充满快乐。如果你不自暴自弃，没有人能让你自觉低劣。愿你做一个自信的人！

**思念你的父亲**

# 习惯的力量

米歇尔·福柯，法国当代思想家、哲学家，20世纪极富挑战性和魅力的思想家，在西方思想界产生了广泛影响。被认为是"20世纪法兰西的尼采"、"萨特之后法国最重要的思想家"。有对他的经典性评论曾说，他是"一个非历史的历史学家，一个反人本主义的人文科学家，一个反结构主义的结构主义者"。

1926年10月15日，福柯出生于法国普瓦利埃。1946年考入巴黎高师。1951年获哲学教师称号，在巴黎高师任教。1961年在索邦大学完成博士论文答辩。20世纪60年代是"福柯的文学时期"，他对近现代文学有系统研究。1970年起任法兰西学院思想系统史教授，直至1984年6月25日感染艾滋病去世。

福柯的重要作品有：1961年出版的《疯癫与文明》，讨论了历史上疯狂这个概念是如何发展的。1964年出版的《临床医学的诞生》延续了《疯癫与文明》的讨论，概括了医学，尤其是临床医学和医院的发展。《词与物》出版于1966年，这本书的问世使福柯成为一位知名的法国知识分子，但也因为"人之死"的结论而饱受批评。《知识考古学》出版于1969年，是福柯对方法论的讨论。他写了这部书来回答别人对《词与物》的反应。《规训与惩罚》出版于1975年。福柯在这部书中的主要观点是对罪犯的惩罚与犯罪是一个相互关系——两者互为前提条件。《性史》一共分三卷（本计划六卷），仅出版了前三卷《认知的意志》、《快感的享用》、《关注自我》。虽然福柯去世前基本上写好了第四卷，但因为拒绝在他死后出版任何书籍，家人根据他的遗愿至今未出版它的完整版本。

## 福柯致儿子的信

我亲爱的儿子：

你知道每当你做下一件好事时，你无形中就能慢慢培养一种好习惯吗？

人的一生之中，脑部神经随时都在驱使自己做出相关的动作。这种动作在相同环境下的不断重复，便使自己不自觉地产生了习惯。习惯并不意味着僵化，它也可能意味着活力，更意味着秩序和节约。反射作用是自然而然的节省法，为脑神经提供了休息的机会，毕竟还有更重要的工作等着它去做。

要养成习惯，如果不用科学的方法，而仅凭一时的意志，那只会使你感觉到累而生厌。习惯有赖于科学方法来支持。人们在习惯中淡忘曾有过的意志和幻想，又在习惯中实现其他的梦想。人们今天做的，就是昨天已经做的。

习惯性的生活会使你感到有十足的精力和良好的生活空间。习惯成自然，自然成人生。在你的生活习惯中，你会使自己的性格、兴趣、爱好、理想都得到体现。每个人的习惯当然是不相同的，因为我们有自己的生活方式。

你如果要把一种行为养成自己的习惯，而这种行为对你又是如此的陌生，那么请你记住："多做几次就好！"习惯的养成，只是动作的积累，脑神经指令的重复。这种行动你做得越多，脑神经所受的刺激和记忆就越深，你的反应也会更加熟练，习惯便是属于你的了。不过，习惯也会成为你生活的暴君。生活方式的不同，自然要求有不同的生活习惯与之相适应。倘若两者发生了深刻的矛盾，我们便说这种习惯是一种坏习惯，是与我们的习惯原旨相违背的。在这个时候，你需要把它摒弃，将它用另外一种更健康、更有序、更有效的习惯来取而代之。

每个人都有自己后天所培养的习惯，而成为与他人有所不同的个体。但是有的时候你必须审查自己所有的习惯是否有益，如果是好的习惯，请坚持下去；如果发现习惯是不好的，一定要改变它。

比如：德国市民非常自觉，过马路时，红灯一亮，没有一个人穿行人行道，虽然马路上一辆车也没有，但他们还是自觉地等着绿灯。可有些国家的人不要说过人行道，就是骑自行车过路口，也不管不顾地乱闯红灯。德国到处可见绿茵茵的草坪，虽然没有立着"不准践踏，违者罚款"的牌子，但人们都自觉地不进入草坪。可是在某些国家有些公园绿地尽管大字罚款招牌立着，还是有人进去，如果是在拐角处有绿地，总要被人们走出一条斜路，以取近道。在我们国家一些城市的广场上总有鸽子悠闲地踱来踱去，没有人去抓、去轰，而在一些国家里，树上落了一只麻雀都会有人用石头砸。

凡此种种习惯的不同，正体现了文明程度的不同。一个好的习惯可以产生巨大的力量，如果你反复地重复着一件有益的事情，渐渐的，你就会喜欢去做，这样一来，所有的困难都显得微不足道了。因为，习惯的力量可以冲破困难的阻挠，帮助你走上成功的道路。守时、精确、坚定和迅捷四种良好的习惯将造就你成功的人生。没有守时的习惯，就会浪费时间、空耗生命；没有精确的习惯，就会损害自己的信誉；没有坚定的习惯，就无法把事情坚持到成功的那一天；而没有迅捷的习惯，原本可以帮助自己赢得成功的良机，就会与自己擦肩而过，而且可能永不再来。亚伯拉罕·林肯就是通过勤奋的训练才练成了他讲话简洁、明了、有力的演讲风格。温德尔·菲里普斯也是通过艰苦的练习才练就了他那出色的思考能力和杰出的交谈能力。

常言道："播种一种行为，就会收获一种习惯；播种一种习惯，就会收获一种性格。"

好的习惯主要是依赖于人的自我约束，或者说是依靠人对自我欲望的否定。然而，坏的习惯却像芦苇和杂草一样，随时随地都能生长，同时它也阻碍了美德之花的成长，使一片美丽的园地变成了杂草丛生的芦苇丛。那些恶劣的习惯一朝播种，往往10年都难以清除。25岁或当人到了30岁的时候，就很难发现自己的习惯会再有什么变化，除非他现在的生活与少年时相比有了巨大的改变。但令人欣慰的是，当一个人年轻的时候，尽管养成一种坏习惯很容易，但要养成一种好习惯几乎同样容易；而且，就像恶习会在邪恶的行为中变得严重一样，良好的习惯也会在良好的行为中得到巩固与发展。

儿子，你还年轻，祛除坏习惯不艰难，养成好习惯也容易，这就看你有没有积极的心态与行动啦！不要犹豫，以自己的积极行动去养成良好的习惯。你的好行为一定会给你带来好运！

挚爱你的父亲

# 专注的力量

作家西塞罗说过："任凭怎么脆弱的人，只要把全部的精力倾注在惟一的目的上，必能有所成就。"专注是孩子需要培养的一种品格，它是一个人能高度集中于某一件事情的能力，是一项非常重要的心理素质。正所谓："书痴者文必工，艺痴者技必良"对于孩子来说，专注可以帮助孩子的学习，使孩子更聪明伶俐，对其一生都有良好的影响。

那么，家长如何培养孩子的专注呢？

## 通过游戏训练孩子的专注力

苏联心理学家曾做过这样一个实验：让幼儿在游戏和单纯完成任务两种不同的活动方式下，将各种颜色的纸分装在与之同色的盒子里，观察孩子注意力集中的时间。实验结果发现，在游戏中4岁幼儿可以持续进行22分钟，6岁幼儿可坚持71分钟，而且分放纸条的数量比单纯完成任务时多50%。在单纯完成任务的形式下，4岁幼儿只能坚持17分钟，6岁幼儿只能坚持62分钟。可见，孩子在游戏活动中的注意力集中程度和稳定性较强，便于培养孩子的专注力。可以针对不同年龄段的孩子设计不同的游戏。

## 将专注力的培养与兴趣相结合

人们在做自己感兴趣的事情时，总会很投入、很专心，小孩子也是如此。在生活中你常常会看到一些小孩子在按家长的要求做某些事的时候，总是心不在焉，而在做他感兴趣的事情时，却能全神贯注、专心致志。对幼儿来说，他的注意力在一定程度上直接受其兴趣和情绪的控制。因此，我们应该注意把培养孩子广泛的兴趣与培养专注力结合起来。

比如带孩子去逛公园，让他看一些以前未曾见过的花草、造型各异的建筑及其他引人入胜的景观。带孩子到动物园去看一些有趣的动物等等，利用孩子对新事物的好奇心去培养专注力。或者给孩子买一些有文字提示的图画故事书或玩具。引发孩子的兴趣，训练孩子集中注意力。

## 培养善始善终的好习惯

让孩子做一些力所能及的事情，指示要清晰、明确，但是要求不要太严格。在做这些事情之前，父母应该让孩子懂得做事的目的，并引起做事的兴趣；在做事过程中，当孩子遇到困难时，父母要注意提高孩子克服困难的能力，使孩子具有一定的责任感，这样孩子在做事的时候注意力就会集中，会去克服一些小的困难。完成一件事的时候，要及时进行鼓励和表扬，孩子就会产生一种满足感、快乐感。

## 培养自制力

现实生活是一个处处充满诱惑，时时会有外来干扰的世界，要维持长时间的、集中的注意力，必须具备一定的自我控制能力。所以，从某种意义上说，良好的专注力是稳定而集中的注意力和自制力的结合。做父母的要尽量给孩子创造良好的环境，让孩子拥有一个整洁、有序的环境，通过无声的环境教育来配合孩子自制力的加强。

## 福柯致儿子的信

亲爱的儿子：

你在信中的谈论有一定道理。天才、运气、机会、智慧和态度的确是成功的关键因素。但是，仅具备一些或者所有这些因素，而没有精力集中的品质，并不能保证成功。那些取得辉煌成功的人都有一个共同特征，即精力专注、目标明确、不屈不挠、坚持到底、不达目的绝不罢休。

专注就是力量。人们都会信任一个目标专注、意志坚定的人。不管他做什么事情，还没有做到一半，人们就知道他一定会赢。因为每一个认识他的人都知道，他一定会全神贯注善始善终。人们知道他是一个把前进路上的绊脚石作为自己上升阶梯的人；他是一个从不惧怕失败的人；他是一个从不惧怕批评的人；他是一个永远坚持目标，永不偏航，无论面对什么样的狂风暴雨都镇定自若的人。

儿子，你很喜欢的法布尔就是这样的一个人。法布尔在他的巨著《昆虫记》中表现的才华确实令人折服。达尔文说他是一个"难以效仿的观察家"，人们称他为"昆虫世界的荷马"。他没有爱迪生、贝尔这些人的商业头脑，也从来不参与商业活动，但他在自己投身的学术领域中，具备一个成大器者的基本素质。他对事业充满热爱、对工作十分专注。

他4岁时就迷上了大自然中的花鸟鱼虫，常常蹲在池塘边观察鱼虾、蝌蚪、水蜘蛛，在草丛中追蜻蜓、捉甲虫、扑蝴蝶，口袋里装满小昆虫、小动物。上小学时，他一有机会就溜到郊外，捉蜗牛、捡贝壳、捉各种小虫子，还采集植物标本。这种兴趣他持续了一生。他对事业的热爱达到了如此专注的程度，以至于当拿破仑三世接见他，邀请他出任宫廷教师时，他说："谢谢陛下的一片好意，我宁愿终身与昆虫相伴。"

对事业的热爱，促使他心无旁骛地进行观察和研究，获得了大量的新发现。他年轻时发表的一些论文以详尽的事实向当时学术界的权威观点提出挑战，他的观点得到承认，他赢得了声誉。他在著名昆虫学家迪富尔的著作中看到，砂蜂杀死吉丁虫，储存在巢内喂养幼虫、吉丁虫的尸体既不腐烂，也不干瘪，迪富尔认为砂蜂给吉丁虫注射了致命的、具有防腐作用的毒汁。法布尔对此事产生了浓厚的兴趣，于是他决定亲眼看看砂蜂怎么给吉丁虫打针。他一动不动地蹲在砂蜂的巢穴边观察，结果他意外地发现，被砂蜂俘获的吉丁虫，脚和翅膀在可怜巴巴地抖动，它在蜂巢中活着，它只是被麻痹了，没有死。随后，经过多次的观察，法布尔慎重地推翻了迪富尔这个学术权威的观点，他断定，砂蜂给吉丁虫注射的不是致命的毒药，而是一种麻醉剂。他发表了《砂蜂的习性及吉丁虫不腐败的原因》这篇论文，引起了昆虫学界的关注。

他就是以这样的全神贯注精神几十年如一日地工作着，卷帙浩繁的《昆虫记》就是他一次次聚精会神观察的结晶。他常常趴在地上，如痴如醉地观察，把衣服都磨破了。一天早晨，法布尔起床后，像往常一样往外走，他妻子提醒他，今天有客人来，法布尔这才想起他和教育部长、内阁大臣的约会。他回到客厅等着。妻子看见法布尔的衬衫上有破洞，说："你就穿这身衣服见客吗？"法布尔耸耸肩说："我哪件衣服没有破洞呢！"他妻子一想，确实如此，于是法布尔就这样迎接了内阁大臣。

法布尔在自然环境中追踪昆虫的生命活动，这种工作比起在实验室里解剖昆虫的尸体、研究静态的结构要艰巨得多。只有深深的迷恋和高度的专注才能让一个人坚持这条道路，坚持一生，并创造出前所未有的成就。当有人对《昆虫记》的科学价值提出质疑时，法布尔写道："你们这些带着螫针的和盔甲上长着鞘翅的，不管有多少都到这儿来，为我辩护、替我说话吧！你们说说我跟你们是多么亲密无间，我多么耐心地观察你们，多么认真地记录你们的行为。你们会异口同声地作证说：是的，法布尔的作品没有充满言之无物的公式、一知半解的瞎扯，而是准确地描述观察到的事实，不多也不少。谁愿意询问你们，就去问好了，他们只会得到同样的答复。"

法布尔的一生集中精力致力于昆虫的研究工作，他不仅热爱这项事业，而且也专注于这项事业，从不被无谓的事情来打扰和分散自己的注意力，这使得他取得了伟大的成就。

一个人若能正确认识自己，深知自己才能有限，于是发愤图强，从不幻想做一个全才，也没有十八般武艺样样精通的野心，而是专注于发展自己某一方面的才能，并且充分利用这项才能，这样，他比那些多才多艺的人更容易集中精力。他不必经常担心自己能否同时做好其他事。他知道，要取得成功必须专心发展某一项才能。于是他一步一步地踏踏实实地走向了成功。有些人每天都在做自己并不热爱的工作，既没有勇气解脱，又自叹时运不济，幻想适当的机会到来，宝贵的岁月和激情就这么被一点一点地消磨掉了。

有一次我收到一位年轻朋友的来信，他说打定主意研究法律，但在研究法律之前，他要先做另外一件事情。世界上不知有多少年轻人被这种不专一的想法耽误了！对大多数人来说，精力正在白白地消耗掉，如同小水坝的裂缝里流失的水一样。注意力不集中、对琐事过于关心、焦虑和猜疑等消极情绪都在消耗人们的精力。儿子，要学会把精力集中到关键事物上，就像让水坝里的水流集中到水轮机上成为动力，不让它白白消耗。一个人在年轻时没有学会集中精力，就很难在任何事情上取得显著的成功。

当一个人试图在同一时间去做过多的事情时，精力的浪费令人可惜。一个成功者往往非常珍惜自己的时间。通常，工作紧张的大忙人都希望设法赶走那些来与他海阔天空地闲聊、消耗时间的人，不希望宝贵的光阴受到损失。

儿子，当你刚刚踏入社会时，精力十分充沛，要尽快地把精力集中在对你有价值的工作中。如果不趁年富力强时集中精力去做事，以后就很难有什么大成就。切记：世界上最大的浪费就是把宝贵的精力无谓地分散在许多事情上。人的时间、能力与资源都是有限的，不可能面面俱到。

儿子，你说是不是这个道理呢？爸爸希望你在新的生活开始之时有新的收获。

祝你顺利！

永远爱你的父亲

# 平和心态的力量

凯罗·纪伯伦，黎巴嫩文坛骄子，作为哲理诗人和杰出画家，和泰戈尔一样是近代东方文学走向世界的先驱。同时，他又是阿拉伯现代小说和艺术散文的主要奠基人，20世纪阿拉伯新文学道路的开拓者之一。20世纪20年代初，以纪伯伦为中坚和代表形成的阿拉伯第一个文学流派"叙美派"曾闻名全球。

纪伯伦1883年出生在黎巴嫩北部山区的小山村。在短暂而辉煌的生命之旅中，纪伯伦饱经颠沛流离、痛失亲人、爱情波折、债务缠身与疾病煎熬之苦，然其生命之火却燃烧得更加光耀。

纪伯伦是一位热爱祖国、热爱全人类的艺术家。在生命的最后岁月，他写下了传遍阿拉伯世界的诗篇《朦胧中的祖国》。爱与美是纪伯伦作品的主旋律。他曾说："整个地球都是我的祖国，全部人类都是我的乡亲。"他反对愚昧和陈腐，他热爱自由，崇尚正义，敢于向暴虐的权力、虚伪的圣徒宣战；他不怕被骂作"疯人"，呼吁埋葬一切不随时代前进的"活尸"；他反对无病呻吟，夸夸其谈；主张以"血"写出人民的心声。

文学与绘画是纪伯伦艺术生命的双翼。纪伯伦的前期创作以小说为主，后期创作则以散文诗为主。此外还有诗歌、诗剧、文学评论、书信等。《先知》是纪伯伦步入世界文坛的顶峰之作，被称为"小圣经"。曾被译成二十多种文字在世界各地出版。

纪伯伦的画风和诗风都深受英国诗人威廉·布莱克的影响，所以亦被称为"二十世纪的布莱克"。在从师罗丹学画期间，罗丹曾肯定而自信地评价纪伯伦："这个阿拉伯青年将成为伟大的艺术家。"纪伯伦的绘画具有浓重的浪漫主义和象征主义色彩，在阿拉伯画坛占有独特的地位。他毕生创作了约七百幅绘画精品，其中的大部分被美国艺术馆和黎巴嫩纪伯伦纪念馆收藏。

在东方文学史上，纪伯伦的艺术风格独树一帜。他的作品既有理性思考的严肃与冷峻，又有咏叹调式的浪漫与抒情。他是一个能用阿拉伯文和英文写作的双语作家，其作品清丽流畅的语言风格征服了一代又一代的东西方读者。美国人曾称誉纪伯伦"像从东方吹来横扫西方的风暴"，而他带有强烈东方意识的作品被视为"东方赠给西方的最好礼物"。

## 纪伯伦致儿子的信

我的杰里，你好：

别再为你的所失而不快了，人生本来就是这样一个取舍的过程，你要学会以平和的心态顺其自然地面对人生的取舍得失，学会选择。人的情感总是希望有所得，以为拥有的东西越多，自己就会越快乐。所以，这一人之常情就迫使人们沿着追寻获得的路走下去。可是，有一天，忽然警觉：忧郁、无聊、困惑、无奈，一切不快乐都和自己的要求有关，你之所以不快乐，是你渴望拥有的东西太多了，或者，太执著了，不知不觉，你已经执迷于某个事物上了。

下面，爸爸讲一个寓言故事给你听：有一天，一只狐狸走到一个葡萄园外，看见里面水灵灵的葡萄馋涎欲滴。可是外面有栅栏挡住，无法进入。于是狐狸一狠心绝食三日，减肥之后，终于钻进葡萄园内饱餐一顿。当它心满意足地想离开葡萄园时，发觉自己吃得太饱，怎么也钻不出栅栏。无奈，只好再饿肚三天，才钻了出来。

你看，这只狐狸为了得吃葡萄，而不得不失绝食三日；然而在吃了葡萄后，又钻不出栅栏，于是只好又饿肚三天，才又钻出栅栏。这说明什么呢？该放弃的就放弃，选择了该放弃的最后仍然得不到。

你还记得你曾经看过这样一个动画片吗？一个人丢了一把斧子，他认准是邻居家的小子偷的，于是，出来进去，怎么看都像那个小子偷了斧子。在这个时候，他的心思都凝结在斧子上了，斧子就是他的世界，他的宇宙。后来，斧子找到了，他心头才豁然开朗，怎么看都不像是那个小子偷的。仔细观察我们的日常生活，我们都有一把"丢失的斧子"，这"斧子"就是我们热衷而现在还没有得到的东西。有时候，人们明明知道那不是自己的，却想去强求，或可能出于盲目自信，或过于相信精诚所至、金石为开，结果不断的努力，却不断的遭受挫折。有的得靠缘分，有的得靠机遇，有的得需要人们能以看山看水的心情来欣赏，不是自己的不强求，无法得到的就放弃。这才是明智的。人们不必为所失而不快！

我们在生活中，时刻都在取与舍中选择，我们又总是渴望着取，渴望着占有，常常忽略了舍，忽略了占有的反面——放弃。

懂得了放弃的真意，也就理解了中国成语"失之东隅，收之桑榆"的妙谛。懂得了放弃的真意，静观万物，体会与世界一样博大的境界，我们自然会懂得适时地有所放弃，这正是我们获得内心平衡，获得快乐的好方法。

记得圣经里有一句话：人降临世界时手是合拢的，似乎在说："世界是我的。"他离开世界时手是张开的，仿佛在说："瞧，我什么都没有带走。"其实，人生就是一个赤条条地来，又赤条条地走的过程。但这里的关键是一个心态的问题。如果拥有一份悠然自得的平常心，不为滚滚尘利所累，那一定会活出一个相当的境界。正确地面对得失，自然地面对得失。可爱的儿子，现在你懂了吗？学会适时放手，取舍得当是很重要的，学会以平和的心态对待得失更重要！爸爸相信你一定能够做得很好！

有什么新的想法盼来信相告。

祝你永远都快乐！


想念你的父亲

# 适可而止的力量

　　玛格丽特·米切尔——美国当代著名女作家。虽然其毕生的作品只有一部——《飘》，但仅这一部作品就使玛格丽特在一夜之间变成了当时美国文坛的名人，成了亚特兰大人人皆知的"女英雄"。半个多世纪以来，这部厚达一千多页的小说一直位居美国畅销书的前列。截止70年代末期，小说已被译成29种文字，在全世界的销售量也逾三千万册。

　　玛格丽特·米切尔于1900年11月8日出生于美国亚特兰大一个名门望族，曾先后在华盛顿和马萨诸塞州就读。1922年她做报社记者，开始接触到有关南北战争的材料。1926年因伤而辞职，从此她开始创作以南北战争为题材的小说，十年后完成了《飘》。该书原名叫《明天是个新日子》，出版时改成《飘》，名字充满了女性的伤感。1936年《飘》一出版即引起轰动。1939年被拍成电影《乱世佳人》，次年这部电影获得10项奥斯卡奖，使她名扬四海。面对荣誉，她十分谦虚，婉拒了各种邀请，一直过着深居简出的生活。1937年该书获普利策奖和美国出版商协会奖。1949

年8月16日因车祸逝世。

被称为教育心理学鼻祖的桑代克认为："人的智慧百分之八十决定于基因，百分之十七决定于训练，百分之三决定于偶然因素。"关于人的智慧中，先天和后天的因素究竟占多少比例，众说不一，还需研究探讨。但可以肯定，人的智慧与先天和后天两个因素有关。我们在教育子女时，既要充分注意智慧的先天因素，又要注意进行与先天因素相一致的后天行为训练。

美国哈佛大学教授霍华德·加德纳指出：通向成功的道路有许多条，在不同领域、不同行业，人们取得成功所需要的才能和智慧是不一样的，几乎每个孩子都有擅长的一种或几种才能。有的孩子视觉发达，有的孩子听觉发达，有的孩子交际能力强，有的孩子思维能力强，有的孩子表达能力强，还有的孩子身体协调性、柔韧性强。

问题的关键在于家长要想了解自己孩子的先天基因的特点、优点和弱点，就需要在具体的实践中去寻找、比较和鉴别。

只要当父母的能寻找到孩子智能的最佳点，使其得到充分的发挥，那么，自己的子女就大有希望能成为优秀的人才。

## 玛格丽特·米切尔致儿子的信

亲爱的孩子：

在这封信里，妈妈先给你讲个故事吧！

一人在岸边垂钓，旁边几名游客在欣赏海景，只见钓鱼者钓上一条大鱼，足有3尺长，落在岸上后，仍腾跳不止。可是钓鱼者却用脚踩着大鱼，解下鱼嘴内的钓钩，顺手将鱼丢进海里。周围围观的人响起一阵惊呼，这么大的鱼还不能令他满意，可见钓鱼者雄心之大。就在众人屏息以待之际，钓鱼者鱼竿又是一扬，这次钓上的是一条两尺长的鱼，钓者仍是不看一眼，顺手扔进海里。第三次，钓鱼者的钓竿再次扬起，只见钓线末端钩着一条不到一尺长的小鱼。围观众人以为这条鱼也肯定会被放回，不料钓鱼者却将鱼解下，小心地放回自己的鱼篓中。游客百思不得其解，就问钓鱼者为何舍大而取小。想不到钓鱼者的回答是："喔，因为我家里最大的盘子只不过有一尺长，太大的鱼钓回去，盘子也装不下。"

这个故事中说明了这样一个道理：人要能适可而止，不能过于贪婪，应依据自己的实际而索求。如果我们能像那位钓鱼者据实而求，所求不多，何愁不能活得天高海阔大道坦然呢？可是现代人更多的是不知满足，过分贪婪。当欲望产生时，再大的胃口都无法填满，贪多的结果只会带来无穷尽的烦恼和麻烦。

贪婪是一种顽疾，人们极易成为它的奴隶。一个贪求厚利、毫不知足的人，等于是在愚弄自己，希望什么都能够得到，岂料到头来却失去一切。生活贵在平衡，每一个环节都很重要，不能稍有偏废。如果过分贪婪，把握不住必要的尺度，就很容易受到伤害。

有一则寓言也从另一个角度阐释了同样的道理：从前有个特别爱财的国王，一天，他跟神说："请教给我点金术，让我伸手所能摸到的都变成金子，我要使我的王官到处都金碧辉煌。"神说："好吧。"于是第二天，国王刚一起床，他伸手摸到的衣服就变成了金子，他高兴得不得了，然后他吃早餐，伸手摸到的牛奶也变成了金子，摸到的面包也变成了金子，他这时觉得有点不舒服了，因为他吃不成早餐，得饿肚子了。他每天上午都要去王宫里的大花园散步，当他走进花园时，他看到一朵红玫瑰开放得非常娇艳，情不自禁地上前抚摸了一下，玫瑰立刻也变成了金子，他感到有点遗憾。这一天里，他只要一伸手，所触摸的任何物品全部变成金子，后来，他越来越恐惧，吓得不敢伸手了，他已经饿了一天了。到了晚上，他最喜欢的小女儿来拜见他，他拼命地喊着不让女儿过来，可是天真活泼的女儿仍然像往常一样径直跑到父亲身边伸出双臂来拥抱他，结果女儿变成了一尊金像。这时国王大哭起来，他再也不想要这个点金术了，他跑到神那里，跟神祈求："神啊，请宽恕我吧，我再也不贪恋金子了，请把我心爱的女儿还给我吧！"神说："那好吧，你去河里把你的手洗干净。"国王马上到河边拼命地搓洗双手，然后赶快跑去拥抱女儿，女儿又变回了天真活泼的模样。

追求可以成为一种快乐，欲望却永远都只是生命沉重的负荷。我们常常感到活得很累，其实只是因为我们所求的太多。我们总希望拥有的越多越好，爬得越高越好，不断地索取，心灵自然无法得到休息。

人要生存，必须有物质作基础，但物质的索取必须有一个度。物质可以无限制地增加，但是却未必都能享受。家有万贯，别人每餐吃一碗，自己未必能吃十碗，别人晚上躺一张床，自己未必能躺十张床。

为什么不换一种活法呢？抛弃欲望的重负，轻松愉悦地享受人生。那该多好啊。当生命走到尽头时，回首往昔，如果头脑中只剩下金光银影，却没有美好欢愉，生命岂不毫无色彩可言。可爱的儿子，妈妈讲这些，主要是希望你能学会适可而止，不要过于贪婪；要学会知足常乐，不要所求过多。这样你才能快乐！

祝福你能够时时事事快乐！


爱你的母亲

# 积累的力量

弗洛姆，美国著名心理学家，犹太人人本主义哲学家和精神分析心理学家。毕生旨在修改弗洛伊德的精神分析学说以切合发生两次世界大战后的西方人精神处境，被尊为"精神分析社会学"的奠基人之一。弗洛姆思想的特色便是企图调和弗洛伊德的精神分析学跟马克思的人本主义学说，其思想可以说是新弗洛伊德主义与新马克思主义的交汇。

1900年他生于德国法兰克福一个犹太人家庭，先后在法兰克福、海德堡和慕尼黑大学学习，22岁获得博士学位。毕业后去柏林精神分析研究所研究弗洛伊德的学说。

1928年弗洛姆去法兰克福精神分析研究所和社会研究所工作，加入法兰克福学派。1934年受纳粹迫害，迁居美国，在哥伦比亚、耶鲁和纽约大学任教。1946年他创建了怀特精神分析和心理学研究所。

49岁时他应邀到墨西哥大学任教，创立墨西哥精神分析研究所。1971年他到瑞士居住直到去世。弗洛姆一生勤奋，著述丰富，主要著作有《逃避自由》、《自我的追寻》、《爱的艺术》等。他毕生在认识人、改造人、美化人，他开展了现代社会的心理革命，对精神分析的发展做出了重要贡献。

## 弗洛姆致儿子的信

我的埃迪，你好：

学习没有止境，知识没有足够。假若一个人认为他已经有了足够的知识，那他就难以在工作和事业中取得突破性进展，难以向更高的地位发展。许多天赋很高的人，终生处在平庸的职位上，导致这一现状的原因是不思进取。而不思进取的突出表现是不读书、不学习，宁可把业余时间消磨在娱乐场所或闲聊中，也不愿意看书。他们对目前所掌握的职业技能感到满意了，认为已有的知识足够用了，意识不到新知识对自身发展的价值；也许，他们下班后很疲倦，没有毅力进行艰苦的自我培训。如果心甘情愿陷于颓废的境地，尚未做任何努力就承认人生的失败。也许连那个卑微的饭碗都不是十拿九稳的。

一个刚跨入社会的年轻人随着自己地位的逐步升迁，一定有很多学习的机会，假如能抓住这些学习的机会，积累知识，成功就是早晚的事。一个人无论目前职位多么低微，汲取新的、有价值的知识，将对自己的事业大有裨益。我知道一些公司的小职员，尽管薪水微薄，却愿意利用晚上和周末的时间到补习学校去听课，或者买书自学。他们明白越是努力学习，知识储备越多，发展潜力就越大。

我认识一个年轻人，他出门的时间比在家的时间还要多得多，但无论到什么地方，他总是随身携带着书籍，随时阅读。一般人轻易浪费的零碎时间，他都用来学习。结果，他对于历史、文学和科学都有相当见地。他为自己的前途而努力，他的付出自然会有回报。他就是你喜欢的《纽约时报》年轻作家麦柯尔。从一个年轻人怎样利用零碎时间学习，积累知识就可以预见他的前途。自强不息、随时学习知识追求进步的精神，是一个人卓越超群的标志，更是一个人成功的征兆。

有一句格言说："只因准备不足，导致失败。"这句话可以写在无数可怜失败者的墓志铭上。有些人虽然肯努力、肯牺牲，但由于在知识和经验上准备不足，做事大费周折，始终达不到目的、实现不了成功的梦想，实在是令人惋惜，徒留遗憾。看看职业中介机构的待业者名录吧，多少身强力壮、受过高等教育的人在这里登记，其中大部分人因缺乏进一步发展的能力而驻足不前、被人超越、丢了饭碗。这些人本来就没有深厚的根基，工作期间又不注意积累经验，增加才能，当然会被淘汰。

比如这种人：在商店里工作多年，只会按顾客的要求拿东西，对商业知识一窍不通。他只是在挣钱糊口，不思考，不关心商品的特点和顾客的需求，如果他不被淘汰的话，只能当一辈子售货员。那些精明强干、善于思考的年轻人，却能在短时间内发现一个行业的秘密，时机一旦成熟，就能独当一面。

我的一个朋友在一个律师事务所任职3年，尽管没有获得晋升，但他在这3年中，把律师事务所的门道都摸清了，还拿到了一个业余法律进修学院的毕业证书。一切都是为了开办他自己的律师事务所。我还有不少在律师事务所的朋友，按从业时间来说，他们的资格够老的了，但他们仍然担任着平庸的职务，赚着低微的薪金。

两相比较，前者立志坚定、注意观察，勤于思考、善于学习，并能利用业余时间深造，他将获得成功；后者恰恰相反，不管他们是否满足于现状，他们这样庸庸碌碌地混日子，永无出头之日。

一个前途光明的年轻人随时随地都注意磨炼自己的工作能力，任何事情都想比别人做得更好。对于一切接触到的事物，他都细心地观察、研究，对重要的东西务必弄得一清二楚。他随时随地把握机会来学习，珍惜与自己前途有关的一切学习机会，对他来说，积累知识比积累金钱更要紧。他随时随地注意学习做事的方法和为人处世的技巧，有些极小的事情，也认为有学好的必要，对于任何做事的方法都仔细揣摩、探求其中的诀窍。他所获得的内在财富要比有限的薪水高出无数倍。

儿子，希望你能做个这样的年轻人，在工作中积累的学识是将来成功的基础，是一生中最有价值的财富。如果你真有上进的志向、真的渴望造就自己、决心充实自己，必须认识到，无论何时、无论什么人都可能增加你的知识和经验。假如你有志于出版业，那么一名普通的印刷工会帮助你了解书籍装帧的知识；假如你热衷于机械发明，那么一名修理工的经验也会对你有所启发。能通过各种途径汲取知识的人，才能使自己的学识更加广博、深刻，使自己的胸襟更加开阔，也更能应付各种各样的问题。

我常听到有些人抱怨薪水太低、运气不好、怀才不遇，却不知道其实身处于一所可以求得知识、积累经验的大校园里。因为他们不知道今后一切可能的成功，都要看他们今日学习的态度和效率。亲爱的儿子，珍惜现在的时光，在大学的殿堂里，好好学习，多多积累知识，这将是你今后去取得事业成功的基础。

祝你学习进步！

永远挚爱你的父亲

# 逆境的力量

AQ即逆境商或挫折商（adversity quotient，AQ），用来衡量一个人逆境的承受力和应对逆境或失败的能力。在具有相差不多智商和情商的情况下，逆境商对一个人的人格完善和事业成功起着决定的作用。低AQ的人在困难面前看不到光明，于是败下阵来，一事无成。高AQ的人在面对逆境时始终保持上进心，从不退缩，他们会把逆境当作激励自己前进的推动力，能够发挥最大的潜能，克服种种困难获得成功。

法国哲学家狄德罗曾经说过："经历磨难是人生最必要的力量泉源之一，也是成功的利器之一。" 徐霞客一生野外考察30年如一日，曾3次遇险、4次断粮。他战胜各种艰难险阻，写成了驰名中外的《徐霞客游记》。英国生物学家达尔文研究进化论，呕心沥血，花了22年时间，写出了《物种起源》。邰丽华从不幸的谷底到艺术的巅峰，于无声处展现生命的蓬勃。

在漫长的人生旅途中，任何人都可能有"过五关斩六将"的辉煌和得意，也可能有败走麦城的挫折和不幸。前进的道路不可能一帆风顺、一马平川，有障碍，有荆棘，更有意想不到的困难和阻力。在我国，因家长过分关心，照顾倍至，"小公子"，"小公主"比比皆是。这些娇生惯养的孩子们不懂得爱惜，不懂得奋斗，更不懂得关心别人。他们喜欢物质享受，听惯了表扬，只爱自己，不理解别人，在成长的过程中，一帆风顺，没有经过任何困难、挫折。这样的孩子进入社会后，将无法面对日益竞争的残酷现实，在困难和逆境面前会败下阵来的，这不能不说是我们教育的失败。孔子说："天将降大任于斯人也，必先苦其心志，劳其筋骨，饿其体肤。"有意识地让孩子吃点苦，对他们进行点"磨难教育"，这对孩子们的一生有着至关重要的意义。

在美国托儿所里，几个月的孩子就自己托着瓶子喝奶，在幼儿园里两岁的孩子全部用刀叉吃饭，常是一会儿扣翻了饭碗，一会儿碰掉了水杯，吃得天一半、地一半，老师会耐心地打扫，但绝不喂饭。而在中国，就是给3岁的孩子喂饭也是常见的。把孩子当作温室的花朵，这样不利于培养孩子自立自强的精神，不利于孩子们健康成长，也不会适应未来时代的要求。俗话说："自古英雄多磨难，从来纨绔少伟男。"从古到今，没有一个英雄不是从困境中磨炼出来的。

法拉第是19世纪最伟大的实验物理学家，是他使电磁学成为体系，是他使银、镍、汞等金属变成蒸气，而又使氯、氨、硫化氢、二氧化碳等气体变成液态。他一生的发明不胜枚举，是与牛顿齐名的伟大科学家。晚年受到了英国维多利亚女王的嘉奖，搬进了为国家做出巨大贡献者的"荣誉之家"。然而，法拉第却是一位从小未接受过正规学校教育的人，穷困一直将其排斥在校门之外。他所听取的每一次讲课都是历尽磨难换来的。

法拉第生于产业革命时期的英国，因家境贫困，12岁的法拉第只好到一家书店去当装订工，挣钱糊口。16岁了，还无缘进学校的大门。当时他听说在一位学者的家中经常举行自然科学讲演会，他想去听。可每次入场券要一个先令，相当于买20公升小麦的钱，他哪里拿得出。但他还是到处借钱坚持去听课，并且把听课的笔记加上插图，装订成自用的教科书。一位叫丹斯的学者被其精神所感动，为他弄到了可以连续听皇家研究所戴维教授的讲堂门票。由此，决定了法拉第的人生之路。

用法拉第自己的话说："我不知自己的童年是怎样熬过来的。但如果没有那样的磨炼，我也不会懂得这每一次听讲的价值，也不会为争取做一名学者的雇员而吃尽多年的辛苦与屈辱。"

徐悲鸿6岁开始跟父亲读书时，便想学画，但父亲不允。父亲说："你应当好好用功读书，因为要想成为一个画家，首先要有渊博的学识。"徐悲鸿在父亲辛勤的教导下，9岁就读完了"四书五经"、《左传》。这时，父亲才开始教他每天临摹一幅人物国画。有时，父亲带他沿着河岸步行，引导他欣赏和观察大自然。不论盛夏隆冬，父亲每天都严格但监督徐悲鸿读书、写字、作画，从未懈怠。正因为从小艰苦地磨炼，徐悲鸿才成为著名的画家。

苦难可以使人冷静、深邃、成熟，有了苦难，人生才会变得有滋有味、丰富多彩。苦难不仅可以磨炼一个人的意志，而且可以使人发现自己的优点，挖掘自己的潜力，激发内心的斗志，点燃心中的激情。真正的爱，就是放手让孩子经受磨难，体验人生百味，培养其坚韧的品质。因为父母的羽翼不可能永远为孩子遮风挡雨，只有尽快使孩子的羽翼丰满、矫健起来，放手让孩子在万里晴空中翱翔，才能使孩子成熟，走向成功。

# 弗洛姆致儿子的信

亲爱的哈罗特：

人的一生难免有逆境，如果你身处逆境，将如何去处理呢？是逃避还是挑战？我们讨论一下这个问题吧。这对你提高抗挫力会有所帮助。

逆境是上帝安排给人的，一心只想逃避逆境，逆境就变成了会使人陷入不幸中的负面存在，但以"去见鬼吧"的魄力和精神积极地挑战，逆境马上会变成好运的台阶，使人大跨步地跃进。

儿子，你不要抱怨自己是一个出身于低下阶层的人，要取得成功得付出比一般人多得多的努力，而只要努力，是会改变自己的阶层的。有很多杰出的政治家，小时候家里很穷，可以说其出身的阶层十分低下，但是他们硬是不甘心于自己的阶层，努力上进，经过多年努力，成为著名的人物。有的人甚至当选为总统或首相。

儿子，只要你愿意，去努力，你是可以离开原来的阶层，加入到一个新的阶层中去的。关键在于你是逃避还是挑战。

当逆境变成人的一种动力的时候，逆境也就开始向着它的相反方向转化了。逆境作为事物发展过程的一个阶段，意味着新的起点就在脚下。俗话说，不如意的事过去了，好的机会就会跟着来临。

众多强者走出逆境的方式各异，但是他们具有共同的特征：不论是处在何种困境中，他们始终保持主动的状态。他们不会让事态的发展左右自己的选择，他们会积极地探索和认识逆境中的主要矛盾。既不低估问题，也不夸大问题，而是在努力寻求走出逆境的机会；即使是在等待，也是在积极主动地保持潜力，犹如樱树虽然静静地等待着春天，却无时不在蓄锐养神。

人生的强者不论是在什么情况下，始终保持着一种创造欲望，不相信"机会可遇不可求"的鬼话。机会从来都是人创造出来的。在逆境中，善于发现和利用各种有利因素，化不利因素为有利条件；往往计划周详，考虑缜密，不寄希望于侥幸的成功。不论是在什么样的逆境中，他们始终不放弃自己的人生目标。因为他们坚信，只要不放弃人生，就不能算失败，只是暂时不成功。失败、打击和磨难吓不倒他们，反而会使他们坚强。他们善于在逆境和失败中捕捉下一个新的目标，并调整自己的心理状态，适应新的环境和新的目标。他们对生活始终充满着希望。"噩梦醒来是早晨"，眼里依然拥有一轮鲜红太阳。那些热爱生活，搏击逆境，用血和肉拥抱世界的强者们，不仅以他们可贵的性格力量给人们以深刻的启迪，而且以他们的智慧策略之光照亮了人们冲出逆境的必由之路。

你如果身处逆境，不仅要接受残酷的事实，还要"回头看看"。或许你要问，挫折和失败已经够让人痛苦的了，何必要重温那段不愉快的经历？不让失败的情绪死死缠住自己是对的，但"回头看看"绝不是要重温痛苦，而是要痛定思痛，通过对失败的反思，找出冲出困境的途径。

面对失败，反思失败，是需要有几分勇气的。"回头看看"作为策略，是要人们对导致失败的全部可能的因素进行分析，全力寻找出主要原因，找出确定走出逆境的方法和途径。如果这些都做到了却仍然失败，这就有可能是由于缺少必要的外部支持。

此时最忌讳的就是自我封闭。不怕困难和艰苦继续努力拼搏，这种精神是可贵的：但放弃友谊的手，甚至拒绝接受他人的帮助，则显得有些愚蠢。自尊心较强的人，动不动就退缩，常把本就要到手的希望和帮助拒之门外。不要把过分的自尊总装在心里，向人和盘托出自己的苦衷，请求帮助才是聪明。

摆脱逆境通常会使人们面临几个选择：是在哪里跌倒就在哪里爬起来，还是另辟蹊径；如果在跌倒的地方继续拼搏，怎样做才不致重蹈覆辙；另辟蹊径又得如何选择才容易完局，获得成功冲出困境的道路很多，如何做出正确的选择呢？

一要有充分的理智。处于逆境而急于摆脱的人，往往容易为某种盲目的冲动所驱使，做出缺乏理智的判断和错误的选择。

二要洞察自己内心深处稳定的兴趣爱好和志向。因为真正稳定的兴趣和志向，常常使人产生百折不挠的勇气和令人难以估计的力量。

三要认识自己的优势和劣势。对于自己的优缺点人们往往自以为清楚，实际上有许多误区。真正认识自己不是一件容易的事，但这种认识越接近事实，冲出逆境的道路选择就越有可能正确。

应当看到，导致自己陷入逆境的自身弱点和不足，有许多不是一经发现就可以立即克服和改变的，而是需要有一个逐步提高的过程。要冲出逆境，与其不断地发出空洞的誓言或盲目轻率地横冲直撞，不如忍受痛苦，甘于寂寞，静下心去扎扎实实地积蓄力量。这绝不是软弱和怯懦，而是强者冲出困境的制胜谋略。当人们自身的力量强大起来的时候，困难还能依然如故吗？

当为冲出逆境做好一切准备后，勇气可谓是克"敌"制胜的法宝。勇气是一种敢于抗拒压力的主观愿望，是一种不畏惧任何艰难困苦的精神状态，是一种不屈服于命运挫折的心理气势。在一切逆境面前，它都具有超凡的魅力。强者的勇气表现在他们总是勇往直前，毫不退缩，任何磨难都不能使他们屈服。

亲爱的儿子，勇敢地挑战逆境，逆境会在你的挑战过程中转化为好运的平台。祝你勇敢地面对生活！

深爱你的父亲

# 终身学习的力量

　　卡尔纳普，美国著名哲学家，逻辑实证主义的主要代表。1891年5月18日生于德国隆斯多夫。19岁起他先后在耶拿大学和弗莱堡大学学习。第一次世界大战期间在德军中服役。战后于1921年以《关于空间概念》的论文获耶拿大学博士学位。1926年去维也纳大学担任哲学讲师达5年，并成为逻辑实证主义维也纳学派中最有影响的成员。1928年，他的《世界的逻辑结构》出版，是早期逻辑实证主义的代表作。1930—1940年他创办逻辑经验主义《认识》期刊，后来他到布拉格大学任自然哲学教授。1935年到美国任教，1941年加入美国国籍。45岁时担任芝加哥大学哲学教授。1952年退休。1970年9月14日卒于美国。

　　他的代表著作有《语义学导论》、《逻辑的形式化》、《意义和必然》和《符号逻辑导论》等。卡尔纳普对哲学的主要贡献在于发展了逻辑的句法分析，并把这种方法不懈地贯彻到了语义学和语用学的层面，当今欧美流行的分析哲学可以说很大程度上就是源于他的工作。

卡尔纳普是一个杰出的学者，也是优秀的哲学家。有人称卡尔纳普是哲学中的"伟大的形式化家"。卡尔纳普认为，哲学家应该不受任何政治目的左右，否则由于意识形态的关系，对事物进行观察时，就不能采取中立的、客观的立场，但他同时具备固定的政治立场。卡尔纳普深受罗素和石里克的自由主义的影响，是一位社会主义者、和平主义者、世界主义者。他反对专制独裁，反对种族歧视，主张社会平等，民主自由。


父母和孩子之间的代沟是一个从无到有，从窄到宽，又从宽到窄，直到消弭的过程。父母永远想教育孩子。对于父母的教诲，孩子在不同时期有不同反应。

最初，孩子仰望父母，眼光里饱含崇敬："我爸爸什么都知道。"

有一天，孩子的心里有疑问了："爸爸说的好像不太对。"

渐渐，孩子说了："他什么都不懂。"

又有一天，孩子的腔调变了："爸爸的话还真有点儿道理。"

终于，有一天他发现："怎么我对孩子说话的腔调跟当年老爸对我的腔调一模一样？"

直到这时，他才真正懂了几十年前爸爸的话。而当年父母为了孩子听不进去自己的话，不知捶胸顿足多少次。


对孩子的爱，使我们不想让孩子走弯路，于是我们把一生提炼的知识统统倒给后代。可惜，多数情况下并不成功。试想，当年我们的父母不也同样爱我们，同样谆谆教诲我们吗？到头来，我们不还是走了很多弯路吗？

我们想用自己走了弯路才真正体会到的道理，教给没有走过弯路的孩子，让他们避免走弯路，这本身就是一个悖论。

这样的尴尬在公司组织的学习中也屡见不鲜。一个飞机培训师提到，在飞机上偶然碰到几年前教过的学员，说起来他最近醒悟到了什么道理。而他所说的最近刚刚醒悟的道理，自己在几年前就教过他。

这有没有点儿像父母和孩子之间的代沟？

人是通过经历自己学到知识，而不是被别人教授知识的。离开了经历，被灌输的知识是苍白的。难怪几年前学过的知识，几年后才有感触。直到那个时刻知识才真正被理解了。教授指导绝对不是为了让对方"知道"一些事情，而是为了让被指导的对象真正会做一些事情，并且必须深刻理解背后的"究竟"，具备能力，从而在复杂的现实环境中能够灵活运用。能力无法教授，因此，教授指导的本质是塑造能够让被指导对象有所发现的环境，通过帮助被指导对象加工处理自己的经验，从而形成在现实中可以灵活运用的能力。

换言之，家长无法传递能力，只能通过传递经验使孩子从中总结知识，因而也就养成获取知识的能力。正如伽利略所说："你无法教人任何东西，你只能帮助别人发现一些东西。"希望孩子的学习能力高，做父母的也必须对求知、学习有较高的兴趣，以给孩子留下深刻的印象，在耳濡目染中孩子会模仿效法。不爱读书的父母，是很难培育出爱读书的小孩的。全家人都养成在固定时间读书、做功课的习惯，就会培养出孩子读书的兴趣以及自动自发学习的精神。

天下没有不爱自己子女的父母，但是爱要适时、适量。"权威"只能使孩子造成被动的学习行为，而非内心自发的自愿行为。研究证明，父母对孩子的关怀，有利于孩子的学习动机、态度的形成。真正的爱的教育，是关爱而不是放任自流，它能使儿童有良好的学习行为表现。心理学家多湖辉说："每当我成绩不好，母亲就告诉我：'你的实力不只如此，还有很多未发挥的潜能，加油吧！'"通过母亲的鼓励，他竟成为全班第一名。

发明大王爱迪生和得过诺贝尔文学奖的前英国首相丘吉尔，幼年时在学校均被视为低能儿、白痴，后来是由母亲或家人带回家教育，善加引导发挥其潜能，才有所成就的。

美国创意思考中心主任李察·博尔也说："孩子缺乏思考力，父母应负七成的责任。"父母对子女的教育背负重大责任，同时也别小看自己的力量。

## 卡尔纳普致儿子的信

我的孩子：

学习是永无止境的事情，在当今竞争激烈知识爆炸般地更新的知识经济社会里，树立终身学习的理念更是时代的要求，社会生存的逼迫。所以在这封信里，我想和你讲讲有关终身学习的问题。希望对你有所裨益。

当你觉着工作吃力的时候，就是该充电、磨刀的时候了。一味追求效果，不假思索是盲目的，是不可取的。同样，学习也是如此。只有不断地充实自己，完善自己，抱着终身学习的心态，才不至于落伍于时代。

6岁时就有画技精湛之誉的日本天才版画家北齐先生，就是个以"终身学习"为志向的典范。尽管自幼年起，外界即对他褒扬不断，但他却一直到70岁时才对自己的画技稍感满意。那时他曾经展望未来，预测自己在不断的学习之后，80岁时作品才可称为成熟，100岁时大放光芒。尽管他逝于1849年，未能完成百岁心愿，但年近90他却始终相信，通过不断的学习，个人的作品将越来越具有深意与可看性，最好的还在后头。

终身学习，不论是单就个人或是社会来说，都是非常重要的事。学习是输入，而成就则是输出。如果一个人没有源源不断输入的养分，或不利用所拥有的知识而有所成就的话，他的心智就会停滞不前。这样的停滞，不仅对个人生涯的评估与前景来说很危险，对整体社会而言，更是一种浪费。

哈佛大学著名教育学者布特勒曾说："有一段了不起的碑文，许多人都应该读一读：死于六十，埋于三十。"意指那些对任何事都提不起兴趣，失去了好奇心与学习欲望的人，活着即是死去。事实上，不少人的确在学习到了某一个阶段，或是步出学校之后，就对学习新知感到毫无兴趣，只靠着以前所学度过余生。但相反地，那些把"终身学习"奉为目标的人，因拥有一颗活跃的心，所以不仅在个人专业、工作表现上能够日新月异，在休闲生活上，也永是趣味盎然，不会无聊。不论是运动、艺术、外文、写作、烹饪、天文、法律等各个领域，只要有心，每个人都可以借着学习，不断地增进、深化我们在各领域的知识与技巧，年龄不仅绝不是问题，而且学习能使人超越年龄的界限，能使人的寿命延长。

专家们研究显示，生活要乐趣盎然，就得不断地改善生活品质与内涵。而改善生活品质最佳、最简便的方法，莫过于通过学习增加身心认知的复杂性与多样性。个人的身心有提供不计其数乐趣的潜能，但大多数的人都未能充分开发：很少人走路能像舞者那样优雅，看东西像艺术家、建筑师那样慧眼独具，吃东西时像美食家那样细致品尝，思考时像哲学家那样深邃。但借着学习，人们却能够一步步地磨锐自己的五官，淬炼自己的心智，增进、丰富自己的生活内涵，在逐步深化自己的认知与能力的同时，将体能与智力发挥到极致，使自己不枉此生。

然而许多人却认为，学习只是青少年时代的事情，只有学校才是学习的场所，自己已经是成年人，并且早已走向社会了，因而再没有必要进行学习，除非为了取得文凭。这种看法乍一看，似乎很有道理，其实是不对的。在学校里自然要学习，难道走出校门就不必再学了吗？学校里学的那些东西，就已经够用了吗？其实，学校里学的东西是十分有限的。工作中、生活中需要的相当多的知识和技能，课本上都没有，老师也没有教给，这些东西完全要靠人们在实践中边学边摸索。可以说，如果一个人不继续学习，就无法取得生活和工作需要的新知识，无法使自己适应急速变化的时代，不仅不能搞好本职工作，反而有被淘汰的危险。

有些人走出学校投身社会后，往往不再重视学习，似乎头脑里面装下的东西已经够多了，再学会涨破脑袋。殊不知，学校里学到的只是一些基础知识，数量也十分有限，离实际需要还差得很远。只有以更大的热情，如饥似渴地学习、学习、再学习，才能使自己丰富和深刻起来，才能不断地提高自己的整体素质，以便更好地投身到工作和事业中。

据美国国家研究委员会调查，半数的劳工技能在1—5年内就会变得一无所用，而以前这段技能的淘汰期是7—14年。特别是在工程界，毕业后所学还能派上用场的不足1/4。因此，学习已变成随时随地的必要的选择。

　　一个人年轻时，究竟懂得多少并不重要，只要懂得学习就会获得足够的知识。学习不光是学问家的事情。无论从事哪一种事业，都需要不断地学习。只有学习才能扩大视野，获取知识，得到智慧，把工作做得更好。但凡杰出的人，都是终身孜孜不倦追求知识的人。在漫长的人生经历中，即使再忙再苦再累，他们也不放弃对知识的追求，学习既是他们获取知识的途径，又是他们在逆境中的精神支柱。在他们看来，知识是没有止境的，学习也应该是没有止境的，学习使他们的思想、心理和精神永远年轻，也使他们的事业日新月异。

　　儿子，在人生的这场游戏中，你应当保持生活的热情和学习的热情，不断地吸取能够使自己继续成长的东西来充实你的头脑。知识需要提高和挑战才能不断增长，否则它将会消亡。祝你工作与学习齐头并进！


**想念你的父亲**

# 勤奋的力量

布劳恩是美籍德国火箭专家、著名科学家。在他的领导下，人类首次登上了月球，他由此被誉为"现代航天之父"。

1912年3月23日，冯·布劳恩出生于德国维尔西茨的一个贵族家庭，后随全家移居柏林。冯·布劳恩的母亲是一位出色的业余天文学爱好者。她送给儿子的一架望远镜，激发了布劳恩对宇宙空间的兴趣，成为了一个大科学家成长历程的开端。学生时代的布劳恩就表现出与众不同的探险精神。13岁时，他在柏林豪华的使馆区进行了他的第一次火箭实验。布劳恩曾读到一本名为《通向星际空间之路》的书，这使他毫不犹豫地选定了自己的终身事业——为人类征服宇宙空间贡献一切力量。这个远大的理想使顽皮的布劳恩开始专心刻苦地学习数学、物理等一切有助于达到目标的功课，成为班上功课最好的学生。1932年春，布劳恩从夏洛腾堡工学院毕业，获得航空工程学士学位。当年夏天，他又转入柏林大学，学习物理和天文学。两年之后，22岁的布劳恩获得物理学博士学位。

1944年3月，冯·布劳恩被盖世太保抓进了监狱。原因是：他和他的同事们一起声明，他们从来没有打算把火箭发展成为战争武器。他们的目的始终是宇宙旅行。最终在朋友们的多方营救和叛国罪名理由不充分的情况下，布劳恩被释放了。于是他辗转来到了美国，他认为"把我们的'婴儿'交给妥当的人，这是我们对人类应尽的责任"。从此，开始以他的卓越才智和工作热情为人类的航天事业做着不可磨灭的贡献。

1957年，艾森豪威尔总统将发射卫星的重任交给了布劳恩领导的火箭小组。1958年1月31日，丘比特火箭把"探险者号"安全准确地送抵太空，从此美国进入了太空时代。为了赶上和超过苏联的航天技术，布劳恩又奉命将人送入太空。这就是众所周知的"阿波罗计划"。经过多年的艰苦努力，布劳恩终于收获了辉煌。1969年7月16日，这是世界航天史上一个不朽的日子。在肯尼迪航天中心，"土星5号"火箭将三名宇航员送入太空，并在月球上踩出了人类的第一个脚印。

布劳恩于1977年病逝于美国弗吉尼亚州，享年65岁。人们将永远怀念这位太空探索的先驱者。

## 布劳恩致儿子的信

亲爱的儿子：

你认为自己还不够聪明，所以担心将来做不成什么事。可是孩子你知道吗？固然聪明对于人十分重要，但对人更重要的是勤奋。成功者并不一定是最聪明的人，但一定是最勤奋的人。

儿子，你看了近期的《青年导读》了吗？第24期《青年导读》里讲了希拉斯·菲尔德的故事，他是著名企业家和大西洋电缆建设工程的发起人。16岁那年，他离开斯托克布里奇的家到纽约去寻找发财致富的机会。离开家门时，父亲给了他8美元，这是全家人省吃俭用好不容易节省下来的。到达纽约之后，他去了哥哥大卫·菲尔德的家里，后来他哥哥成了纽约法律界的要人。住在哥哥家的时候，希拉斯·菲尔德很不快乐，从他脸上就能看出来，这引起了一位客人马克·霍普金斯的注意。霍普金斯对他说："如果一个孩子在外面老是想家的话，我什么也不会给他。"

后来，希拉斯到斯图尔特的商店工作，那是当时纽约最好的干货店。第一年，他在那里跑腿，年薪50美元，必须在早晨6点到7点之间上班。成为店员后，他要从早上8点干到晚上关门。

"我总是很注意，"希拉斯先生在自传里写道，"在顾客到达之前一定要赶到店里，在顾客离开之前决不能提前下班。我的想法就是要使自己成为一个最好的推销员。我尽量从各个部门学习一切有价值的东西，我深深地懂得：将来的一切都取决于我今天的勤奋。"他经常去商业图书馆泡一个晚上，他还参加了每周六晚上举办的一个辩论团体。

希拉斯·菲尔德的成功靠的是勤奋，但是在别人的眼里，他被看作一个聪明的人。说到底，聪明就是勤奋，就是比别人多挥洒了汗水。普通人通过不懈的勤奋积累起惊人的财富，取得巨大的成功，在别人的眼里就会成为天才。

哈里就曾是一个普通人，他是一个典型的美国移民家庭里10个孩子中的老大，家境贫穷到时常可以断炊。然而，从小他就立志要上大学，成为一个可领固定薪水的上班族，好改善家里的境况。在读高中的时候，他学习得并不轻松，除了念书之外，还得做家务、打工。但他却总是面带微笑地去做这一切，以愉快的心情鼓励自己坚持下去。早在他还是个十几岁的大孩子时，他的朋友们就常常称他是个"过分卖力的人"。他解释说："我没有别的选择……我不得不忙个不停，不然，我不可能把那些事情都做完。从早晨睁眼的那一刻起，我就得抓紧每一分钟，直到晚上睡觉。"

尽管外在的条件相当艰苦，但他总是不改初衷，无论如何都要上大学，完成自己的志愿。然而，他的考试成绩往往刚够及格，学校的负责人也一再向他建议，如果放弃上大学，改上一般的职业学校，对他会是比较务实、适合现况的做法："你绝对做不到的。以你的考试成绩来判断，大学里的竞争对你来说，实在是太难了。"但是，哈里并不想听从这个劝告。他想接受大学教育的决心是无比坚定的。虽然，大学的学习课程对他而言，的确是异常艰难，因为他的阅读能力低到每一章节都要反复读上5遍才能够领会。他说："我总是不太清楚自己在读什么，但是我就是一遍又一遍地反复读下去，直到完全理解为止。"吃饭时，他面前总是放一本书。他说："每一件事我都得比别人多花时间，因为我总是那么死抠不放地、非常小心地要把事情做好。我就是那种系着背带，还要扎上腰带的那种人。"

哈里终于以自己的勤奋不已，坚持不懈赢得了成功。他不仅大学毕了业，而且还读完了研究生的课程，拿到了博士学位。而后，他成了食品营养学方面的权威人士，现今领导着美国与加拿大两地多家联营保健食品商店。哈里的勤奋，使他实现了心愿，得到了成功。

一个人千万不要依赖自己的天赋。如果有着很高的才华，勤奋会让它绽放无限光彩。如果智力平庸，能力一般，勤奋可以弥补全部的不足。如果目标明确，方法得当，勤奋会让其硕果累累。没有勤奋工作，终将一无所获。成功者不一定是人群中最聪明的人，但却都是最勤奋的人。对于成功者而言，并不需要很高的智商，问题也不在于天资，而在于勤奋。

成功者即使在别人说他不具备条件的时候，也绝不放弃希望和努力，即使有点灰心，也不后退。他们认为，除了辛勤奋斗下去，别无选择、别无退路。正因为如此，能够利用周围环境可得到的任何一个机会，把握生活中的每一分钟，凡事尽最大的勤奋努力，便能在人群中脱颖而出。

成功者具有在夹缝中求生的小树苗一样的特质：不管进展再怎么艰难，他们都具有让自己学会穿破坚硬路面、茁壮成长的本领。靠着勤奋工作与永不放弃的生活哲学、生命态度，理所当然地，他们一寸寸地走向了成功。

儿子，你说是这样吗？爸爸希望你做一个勤奋的人，只有这样，最终你才会登上成功的巅峰！

祝你愉快！

思念你的父亲

# 磨难的力量

一本权威的电影史著作曾经这样评价卓别林：一想起卓别林就会想到电影。在美国电影史上，任何人都没有像查理·卓别林这样受到全世界的爱戴。卓别林同所有伟大的人物一样，每个人都从他身上得到他所要的一切。这个渺小的流浪汉做出了我们多数人想做和试着做而无法做到的事情，他的失败是人类的失败，他的成功是全体人们的成功。卓别林之所以被称为电影事业上的怪杰，原因就在于此。

在电影史上靠拍悲剧成为大师的人数不胜数，但靠喜剧片成为大师的人却是少之又少，但查理·卓别林做到了，他不仅是美国著名艺术家、喜剧大师，更是世界电影史上最伟大的喜剧演员之一。他是影坛的喜剧泰斗，他关注"小人物"的命运，创造了世界喜剧电影不可逾越的高峰。他对电影艺术的贡献在世界电影史上留下了光辉的一页。

卓别林1889年4月16日生于英国伦敦一个贫苦的演员家庭，父母都是游艺场的歌舞演员。由于父亲早亡，母亲精神失常，他的童年生活充满了辛酸和不幸。19岁那年，他当上了一个著名剧团的演员，1913年他来到美国，开始从事电影事业。卓别林一生主演过八十多部影片，代表作品有《安乐狗》、《狗的生涯》、《寻子遇仙记》、《淘金记》、《城市之光》、《摩登时代》、《大独裁者》等。他的作品具有独特的艺术风格，他的喜剧性的表演令人捧腹大笑，但是又使人笑后感到泪水的苦味。

1962年，英国牛津大学授予卓别林荣誉学位。1972年，美国设立奥斯卡奖的电影艺术与科学学院授予卓别林"艺术成就奖"，以奖励他"在本世纪为电影艺术所做的不可估量的贡献。"卓别林赴美领奖，所到之处受到人们的狂热欢迎。1975年，英国女王伊丽莎白二世授予已经83岁的卓别林爵士封号。1977年12月25日，卓别林在瑞士沃韦河畔的科西耶去世，终年88岁。

## 卓别林致儿子的信

我最亲爱的儿子：

近况如何？诸事顺利吗？在这封信里和你讨论一下磨难吧。因为生活不可能一帆风顺，难免有磨难。正确认识和对待磨难将有益于你今后的进步与成长。

对待磨难，通常人们有两种不同的态度，一种是主动迎接，另一种是被动承受。古时候的斯巴达青年由于风俗之故，年年都要在神坛上承受鞭刑，以增强忍受磨难的耐力。主动迎接磨难的人，在忍受磨难带来的痛苦时，内心多半是坦然的，磨难如同磨刀石使人更加坚强；被动承受磨难的人，被磨难煎熬时，内心多充满困惑。

　　要想做一个出类拔萃的人，不妨多经历些磨难，因为人从平坦中获得的教益少而浅，从磨难中获得的教益多而深。从磨难中得到的教益积累必然成为人生的一笔宝贵财富。经历一次磨难，就如同经过一个黑夜，迎来一轮新的朝阳，获得一个人生的新起点。磨难使人充满智慧，使人变得坚毅，使人丢弃骄傲，挺直脊梁。每个人是自己命运的主宰，无论是在逆境还是在顺境中，人生之舵完全由自己掌握。没有受过冻的人不知道衣服的温暖，没有挨过饿的人不知道饭菜的鲜美，只有那些从艰难困苦的岁月中走过来的人才知道珍惜今天的幸福生活。

　　每当我们在生活中遇到磨难与挫折时，不妨用这样的话语来表达："今天我们又得到了一份礼物"、"嘿，这可真是个特殊的大礼物"……这些话有着神奇的效果，往往就在不经意间，困顿难释的心境变得开朗，莫名的烦恼也消失不见，连微笑也会在说话间悄悄爬上你的脸颊。

　　亲爱的儿子，如果你能在生活中遇到磨难和挫折时，都把它们当作"一份小礼物"，该会减少多少不必要的烦恼啊！

　　然而大部分人十分畏惧挫折，认为失败是更大的挫折和磨难，一遇到挫折就好似掉入了万劫不复的深渊，从此便一蹶不振。其实，许多人要是没有遇到挫折、失败这样的逆境，他们本身巨大的能力便很难被发掘出来。只有在遇到极大的挫折与失败的打击时，他们内部贮藏的力量才会得以淋漓尽致的发挥。因此，从这一意义上来说，我们欢迎失败的到来。

　　其实，世界上没有真正所谓的失败，除非自己如此认定。那种经常被视为是失败的事，实际上也只不过是暂时的挫折而已。暂时的失败实际上并不可怕，如果心态积极，倒完全可以把它看成是吸取了一种经验。目前的做法不可行，然后转变方向，向着不同的但更美好的方向前进。

人的能力大小，往往只有在经受了各种各样的考验之后方能证实。失败使我们看清了在通往自己目标的道路上一个必须加以征服的敌人。这个敌人不是别人，就是我们自己。儿子，你若是能认为暂时的失败只不过是对经验的学习，那么你一生中成功的次数将远胜过失败。

面对失败，有人把它看成是一种惩罚，一场灾难，从而放弃真正想要得到的东西；而有人则把它视为一种恩赐，一种机会，从而进一步充实和完善自己，向所要达到的目标继续前进。毋庸置疑，前一个人是失败者，后一个人是成功者。

在人生的舞台上可以发现，几乎大部分的成功者，都有非常艰辛，不断接受挫折、失败打击的经历，而他们也都撑过来了，并且将其转化成对自己有利的经验及能力，从而协助自己创造更大的成绩。

那年夏天，波士顿红袜队一垒手卡尔·垂斯基成为棒球史上第一个击出三千次本垒打的人。媒体对他十分关注，数百名记者在他破纪录的前一个星期，就开始报道他的一举一动。有一位记者问垂斯基："难道你不怕这些成绩会使你失常？"垂斯基回答道："我的看法是，在我的运动生涯里，我的打击数超过1万次，也就是说我有七千多次未能成功地击出本垒打，仅是这个事实就能使我不致失常。"

人生又何尝不是如此？失败并不可怕，可怕的是因挫折畏缩，丧失勇气。自古以来不以成败论英雄，而以勇敢视豪杰。什么是勇者？敢于面对挑战、应对挫折者就是勇者。当我们从低处往上攀爬时，没有着力点就无从爬起，没有踏脚石就无处着力。人生的奋斗过程也是这样，挫折、磨难便是人生的踏脚石。人都有失意的时候，然而，"挫折和磨难是最好的礼物"。人只有在遭受挫折和磨难时，才能让自己的头脑更加清醒，才能为自己找出更好的出路。如果一时的挫折和磨难能带给你未来的幸福，请忍受它；如果一时的快乐会带给你日后的不幸，请抛弃它。记住：生命中的每个挫折、每个伤痛、每个打击，都有它的意义。

儿子，愿你学会面对挫折、磨难和失败。不经历风雨，怎能见彩虹。

祝你进步！

思念你的父亲

## 编后记

　　本书在编写过程中参考了国内外学者的研究成果，书中引用的部分内容和知名人士写给儿女的书信及中文翻译稿因条件限制未能与原著译者一一取得联系，特此致歉并望相关人士在本书出版后尽快与编者联系（电话010-65930343）以便奉寄稿酬。

编者

2011.11